看她內心強大
看她文字蒼涼
看她對愛執著

也許你該看看張愛玲

蔡詩萍 著

自序　你是該看看張愛玲了，她那麼獨特

也許你該看看張愛玲。

看她的內心強大。

看她的文字蒼涼。

看她的對愛執著。

我再看了一遍張愛玲的人生與她的文字，竟也像重新回顧自己的來時路一樣。

張愛玲逐漸要颳起在台灣的傳奇旋風時，我剛剛踏入大量閱讀的青春階段。

閱讀，鬆弛了我的憤世嫉俗。

引領我進入，仰望天空，眺望遠方，忘卻當下的嚮往狀態，總覺得，日子是可以熬過去的，未來是可以更期待的。

我在寫《也許你該看看張愛玲》時，才更明瞭，有時，仰望未來，不一定是充滿希望的。

尤其，對一位年輕時即享有盛名，而後，人生路徑，一步比一步艱屈的大作家張愛玲。

她日復一日，奔波於生存壓力。

她年復一年，苦思在西方的成名。

但，好運並沒有站在她那邊。

她最終倒下去時，依舊身邊沒有任何人。她確實是「孤獨死」。

而這，是不是就是她，要的呢？

她人生最後一段路程，無疑是寂寞的。但寂寞向來是她之所以睥睨人間的養分。她的筆下，不乏寂寞的男女主角。

張愛玲可以很多人去談她。

但我不純粹是一個「張迷」，亦非「鐵粉」，我只是一個能從文字內在的張力，去欣賞張愛玲的獨特，又可以維持一段距離去理解她的孤僻的讀者而已。

然而，你若跟著我的腳步走，我相信你會看到，你不容易看到的張愛玲。

我會為你解開「張愛玲傳奇」的打造過程。

我會為你分析「張愛玲小說」的獨特美學。

我會為你特寫「張胡之戀」的化學方程式。

我會為你追溯「張愛玲悲哀」的美國歷程。

我會為你點出「張愛玲限制」的關鍵因素。

也許，沒有任何一本書可以完全呈現張愛玲。

也許，也沒有任何一個人可以完全理解張愛玲。

可是，我很有把握，在穿透層層迷霧，在貼近張愛玲她那敏感細緻卻又高傲自負的心靈時，應該也沒有多少人，有我所具有的優勢。

我對現代史有綜觀的高度。我對文學向來有從社會結構與歷史縱深的座標觀察力。我樂意接受作家是一份天賦的說法，但，不忘在現實面向上，去分析他們的作品成功或失敗的因素。

於是，我所提供的「張愛玲圖像」，會更貼近她的本來面貌。

她自戀，自負，才情極高，她把自己的人生當成自己的作品在布局。但，人生終究不是一位作家所能獨立完成的，於是，張愛玲只能更為決絕的，去頑抗自己選擇的路。

張愛玲是了不起的作家，是傳奇。然而，她終其一生，沒法達到她想要的高度，至終，她不無遺憾的！

可是現代文學史上，多少浪頭來，多少浪頭去，又有幾人，在中國現代文學史，在台灣現代文學史裡，擁有雙重的，超高的影響力呢？

張愛玲就是張愛玲，她獨一無二。

也許你是該看看張愛玲了！

目錄

自序　你是該看看張愛玲了，她那麼獨特……002

1 只能是傳奇……012

2 出名要趁早呀！……015

3 大俠也愛張愛玲……018

4 沒有光。沉淪的美學……021

5 凡人的神性，是蒼涼……024

6 最徹底的人物．七巧（上）……027

7 最徹底的人物．七巧（中）……031

8 最徹底的人物．七巧（下）……034

9 〈金鎖記〉那麼好，難怪《怨女》委屈了（上）……037

10 〈金鎖記〉那麼好，難怪《怨女》委屈了（中）……040

11 〈金鎖記〉那麼好，難怪《怨女》委屈了（下）……043

12 張愛玲嫁了兩個壞丈夫（一）……046

13 張愛玲嫁了兩個壞丈夫（二）胡蘭成……049

14 張愛玲嫁了兩個壞丈夫（三）胡蘭成……052

15 張愛玲嫁了兩個壞丈夫（四）胡蘭成……056

16 張愛玲嫁了兩個壞丈夫（五）胡蘭成……060
17 張愛玲嫁了兩個壞丈夫（六）胡蘭成……064
18 傅雷，為張愛玲打開評論的第一扇窗（上）……068
19 傅雷，為張愛玲打開評論的第一扇窗（下）……071
20 張愛玲嫁了兩個壞丈夫（七）胡蘭成……075
21 張愛玲嫁了兩個壞丈夫（八）胡蘭成……078
22 張愛玲嫁了兩個壞丈夫（九）胡蘭成……082
23 張愛玲嫁了兩個壞丈夫（十）胡蘭成……086
24 胡蘭成之後，賴雅之前（一）……090
25 胡蘭成之後，賴雅之前（二）……093
26 胡蘭成之後，賴雅之前（三）……096
27 胡蘭成之後，賴雅之前（四）李麗華……099
28 胡蘭成之後，賴雅之前（五）胡適……102
29 胡蘭成之後，賴雅之前（六）胡適……105
30 胡蘭成之後，賴雅之前（七）胡適……108
31 張愛玲嫁了兩個壞丈夫・賴雅（一）……111
32 張愛玲嫁了兩個壞丈夫・賴雅（二）懷孕？……114
33 張愛玲嫁了兩個壞丈夫・賴雅（三）墮胎！……117

34 張愛玲傳奇。本質上她是隨時抽離的人……121
35 張愛玲到底愛不愛賴雅呢?!……124
36 張愛玲，為何可以那麼冷靜的分析老公賴雅？（一）……128
37 張愛玲，為何可以那麼冷靜的分析老公賴雅？（二）……131
38 張愛玲眼裡，包括賴雅，都是咎由自取的人啊！……134
39 Eileen Reyher 或 Eileen Chang，如何解密張愛玲？……138
40 張愛玲總是要讓採訪者，撲空，失望，再驚喜！……142
41 張愛玲：水仙子式自我疏離的「冷」……146
42 張愛玲：水仙子式自我疏離的「隔」……150
43 張愛玲：水仙子式自我疏離的「惘」……154
44 張愛玲：水仙子式自我疏離的「精」……158
45 張愛玲：水仙子式自憐自艾撞上豪邁北方客……162
46 壓垮張愛玲在美國學界闖關的最後一根稻草（上）……166
47 壓垮張愛玲在美國學界闖關的最後一根稻草（中）……170
48 壓垮張愛玲在美國學界闖關的最後一根稻草（下）……174
49 張愛玲始終在意的「林語堂情結」……178
50 張愛玲「傳奇」，是怎麼打造的？……182
51 張愛玲要重回中文舞台了！她找上水晶……186

52 張愛玲布局，水晶一步一步跨進去……189
53 對不是張迷的人，張愛玲只是難搞的人……192
54 張愛玲與水晶，那一夜，她／他們唱了雙簧……195
55 張愛玲搭上了文學新批評列車，有了現代性……198
56 透過水晶，張愛玲向中文讀者發了討拍文……201
57 水晶以為的第六感，其實是張愛玲牌局……205
58 張愛玲生平僅有的一次台灣行……209
59 張愛玲低調台灣行，背後的美國影子……213
60 張愛玲的《少帥》，始終無法變身〈傾城之戀〉……216
61 難怪《少帥》失敗：張學良遠比范柳原複雜，趙四也非白流蘇可比！……220
62 張愛玲的「台灣」，是怎樣的台灣呢？……223
63 王禎和二十五年後，仍記得張愛玲吃木瓜的樣子！……226
64 七〇年代文學市場，非鄉土即張胡！……230
65 張愛玲：叫我漢奸，莫名其妙！……233
66 胡體，紅極一時，靠的是朱西甯文學家族……236
67 胡蘭成還想「撩愛玲」，但張愛玲堅定說不了！……239
68 張愛玲始終是胡蘭成心頭一抹光影……243
69 胡蘭成是「懂」張愛玲的，沒錯……246

70 導演桑弧可能永遠不懂，永遠吃醋「張胡戀」！…… 250
71 只因為〈封鎖〉。張愛玲在乎的，是一起「生活過」（上）…… 254
72 只因為〈封鎖〉。張愛玲在乎的，是一起「生活過」（下）…… 258
73 張愛玲從來沒有戀愛過，直到胡蘭成出現！…… 262
74 張愛玲知道胡蘭成把自己捧到了手掌心…… 266
75 胡蘭成是敲響「張愛玲傳奇」的第一人！…… 270
76 胡蘭成攔截到〈封鎖〉、〈傾城之戀〉裡的電波…… 273
77 那時代，張愛玲為什麼會紅?!…… 277
78 沒人能把「蒼涼」二字，詮釋得比張愛玲更蒼涼！…… 281
79 張愛玲的天才夢，預知了華美的袍，爬滿跳蚤！…… 285
80 生前最後一張問世的照片，充滿嘲諷的詭異！…… 289
81 直到晚年，張愛玲也沒有接納她唯一的弟弟…… 293
82 他們靜靜躺在她的血液裡，等著再死一次…… 296
83 我們一起解碼張愛玲的長篇障礙吧！…… 300
84 從《十八春》到《半生緣》，張愛玲終於為我們留下一部精采的長篇！（上）…… 303
85 從《十八春》到《半生緣》，張愛玲終於為我們留下一部精采的長篇！（下）…… 306
86 怎麼評價《秧歌》與《赤地之戀》呢?張愛玲一度對陳若曦的《尹縣長》走紅吃味！…… 309
87 怎麼評價《秧歌》與《赤地之戀》呢？——即便肅殺恐怖，張愛玲仍能彰顯現代主義美學技巧…… 313

88 香港，張愛玲小說的活水，一輩子的情結……316
89 讀〈第二爐香〉，老讓我聯想到莒哈絲的《情人》！……319
90 淪陷區裡的小市民小日子小樂趣：張愛玲為什麼受歡迎……322
91 張愛玲筆下的一般上海人：都不是幼稚的人……325
92 張愛玲早期小說，對十里洋場飄零者的人道關懷！……329
93 青春不安的海域上，〈茉莉香片〉與〈花凋〉如兩座浮標……333
94 張愛玲以〈紅玫瑰與白玫瑰〉，塑造了「城市阿Q版男人」！……336
95 回到時空膠囊的上海，張愛玲的〈色．戒〉畫下美好句點！……340
96 張愛玲右手小說，左手散文，她以左手解讀了她的右手……344
97 晚年張愛玲有意為她的一生埋下解謎的伏筆……347
98 來，讓我告訴你張愛玲晚年最大的祕密：她從不後悔愛上胡蘭成！……352
99 闔上眼的張愛玲，最後那一瞬，她看到誰？她想過誰？……356
100 張愛玲是文學孤絕之美的極致！她連死亡都維持了孤絕狀態！……360
101 沒人能像張愛玲，寫的是老中國，傳奇在新台灣！……364

1 只能是傳奇

「張愛玲的文學生涯、輝煌鼎盛的時期只有兩年（一九四三－一九四五），是命中注定，千載一時，『過了這村，沒有那店』。幸與不幸，難說得很。」

抗戰末期，在上海淪陷區，汪精衛偽政權下，擔任《萬象》雜誌主編的柯靈，晚年回憶在這份雜誌上成名的張愛玲時，寫下這些句子。那已經是四十幾年後的事了。

一個人的一生，僅有兩年，發光發熱，卻能焚燒幾十年，蔚為風尚，形成一派「張學」！除了讚歎天才外，你還能說什麼！

淪陷區的上海，是張愛玲的文學溫床，是現代中國文學孕育奇葩的特區，獨一無二。但若沒有張愛玲這朵奇葩，恰逢其時，也可能僅僅是淪陷區而已！

在國民黨支配的大後方，抗戰是主旋律。感時憂國，成作家的職責，甚或包袱。張愛玲哪裡有她發文的餘地！

在共產黨統領的延安，整黨整風，連王實味這樣的人都被打成資產階級作家，張愛玲若在延安，早就喝西北風了！

舉個對照例子吧。

西南聯大出身的鹿橋，一九四四年動手寫《未央歌》，隔年完成，卻遲至十幾年後才出版。以後見之明來看，這是一本政治不太正確的書。

人家抗戰，打得吃緊，你卻寫了本戰火下，大學校園裡的愛情故事，不是戰火浮生錄，而是戰火桃花源。這不是討罵挨嗎？

拖至十幾年後出版，不意外。

相較之下，張愛玲算不算「生逢其時」呢？

唯有淪陷區，粉墨登場的汪偽政權名義下的統治區，給了上海文壇詭異的海派空間。張愛玲既不感時，且不憂國的短篇小說，連番登場，在文壇大老勸阻下，張愛玲義無反顧的，堅持發表一系列中短篇小說：〈沉香屑．第一爐香〉、〈第二爐香〉、〈茉莉香片〉、〈傾城之戀〉、〈金鎖記〉、〈心經〉、〈琉璃瓦〉、〈紅玫瑰與白玫瑰〉、〈等〉、〈桂花蒸　阿小悲秋〉，幾幾乎張愛玲最佳中短篇小說，全在一九四三、一九四四這兩年傾巢而出！量，驚人；質，嚇人！

這尚不包括她的散文啊！

張愛玲最膾炙人口的散文集，《流言》、《餘韻》也幾乎是這兩年的作品。如果再加上，「張愛玲傳奇」中，感情世界的傳奇婚姻，與胡蘭成的「今生今世」，那我們或許可以說，這短短三年間，淪陷區裡的浮光歲月，大致構成了張愛玲文學地圖八成以上的景致。

儘管後來，第一本把中國現代小說成就帶入西方讀者眼界裡的作者夏志清，在專章討論張愛玲的創作時，劈頭便提到二十世紀一九五〇年代出版的長篇《秧歌》，但他也不得不說：「僅以短篇小說而論，張愛玲的成就足以與英美現代女文豪……之流相比，有些地方，恐怕還要高明一籌。」

可見，張愛玲最好的作品，是她的短篇小說，而她的短篇精華，又都在淪陷區上海的那三年之間，精銳盡出。

國家最壞的年代，卻是作家最好的年代。在國共都鄙視的浮華都會上海，卻蹦出了一朵文學奇葩張愛玲。

這不是傳奇，又能怎樣描述呢？

2 出名要趁早呀！

共產黨奪取政權後，張愛玲還在中國滯留了約三年之久。直到一九五二年避居香港，從此未再踏進上海一步。

離開了上海的張愛玲，是花果飄零的魂。

倘若張愛玲沒有離開中國，她會是之後現代文學史上的張愛玲嗎？

很難講。

張愛玲到了香港，隔兩年，推出《秧歌》、《赤地之戀》的連載。一方面，當然是，作家也要生活。另一方面，作家只能靠筆生活。

但張愛玲畢竟是寫小說的人，她滯留大陸數年，親眼所見中共建政之後的變化，以小說寫史的心境，交出了這兩部長篇。

重不重要呢？

當然重要。

英文世界，第一部《中國現代小說史》，作者夏志清就從《秧歌》談起張愛玲。

因為對西方讀者來說，這是一本英文小說，容易接近。

另外，也因為《秧歌》，張愛玲得到了當時人在海外的胡適之的肯定。推動白話文學的祭酒，以及以英文評介中文現代小說的推手，紛紛為張愛玲背書，對離開上海這個張愛玲崛起之舞台的她而言，不啻是雪中送炭。

如果沒離開中國，張愛玲不會有《秧歌》與《赤地之戀》。如果沒離開上海，她即使寫了這兩部長篇也無從在大陸出版，即便能在海外出版，她的下場也必定很慘。張愛玲的傳奇，只能曇花一現。或者更糟，根本沒有。

因為，她離開了。

蘭花失了土壤，終會凋萎，但漸漸凋萎，便有傳奇化的可能。硬栽在變了調的土壤上，蘭花只會迅速枯死。

離開上海的張愛玲，曾試圖找尋愛情（或婚姻），曾試圖鑽研學術，意圖謀生（寫了《紅樓夢魘》），曾試圖寫長篇（在《秧歌》、《赤地之戀》之外），但必須誠懇地說，她都不算成功。

離開上海的張愛玲，就只能是「傳奇裡的張愛玲」了。而試圖再創「張愛玲奇蹟」的她，最終隨著歲月，隨著她孤僻的個性，漸漸消失在世人面前，僅能被讀者，在圍繞她的種種流言裡，摸索她的傳奇真面目。

真是一語成讖，「出名要趁早呀！來得太晚的話，快樂也不那麼痛快。」

年輕的張愛玲，如是說。

但成名在兩三年之間，便奠定了一生最高的成就，快樂固然快樂哉，但會不會來得太早？早到令此後的人生下坡，幾乎占了大半生的歲月。無奈吧！

我在年少時，讀張愛玲，總覺得其人其文字，太慧黠，太刁鑽，不可能快樂的。我也讀了一些追隨她筆鋒的年輕作家。但少了「傳奇」襯托，怎麼看，都是贗品。唯有後來，讀到鍾曉陽的《遺恨》，方有類似驚豔感。

在廣播裡訪問她，才明白那所謂神似，乃因鍾曉陽的氣質，應該逼近張愛玲吧！

年長後，再讀張愛玲，竟覺得抗戰淪陷區的上海，根本就是為她打造的「傾城」。

在淪陷區上海，她的《傾城之戀》，竟娓娓道出「香港的陷落成全了她。但是在這不可理喻的世界裏，誰知道什麼是因，什麼是果？誰知道呢？也許就因為要成全她，一個大都市傾覆了。成千上萬的人死去，成千上萬的人痛苦著，跟著是驚天動地的大改革。……流蘇並不覺得她在歷史上的地位有什麼微妙之點。」

一九四三年，張愛玲竟在《傾城之戀》裡，藉由白流蘇的際遇，預言了她自己的傳奇！

3 大俠也愛張愛玲

「張愛玲傳奇」，可以從兩個角度解析：

一、她名聲鵲起，靠的是短短兩年多之間，質量均佳，創作力驚人。而且，是在國共勢力不及，日本管控之下，汪偽政權許可的淪陷區上海。她最好的短篇，最知名的中篇，最愛玲味的散文，都是「此時此地」誕生的。

平心而論，她後來的作品，相形失色。

這麼短的時間，這麼密集的創作，這麼特殊的時空，造就了「張愛玲旋風」。

二、離開上海以後，張愛玲輾轉遷徙，努力生存，為了適應離開上海，離開她所熟悉的時空背景，而能繼續生存，繼續寫作，她做了很大的調適。必須說，她調適得很不好。

但弔詭的是，正因為她調適得很不好，她的流離，她的失所，才平添了一位傳奇作家的傳奇性！

張愛玲如果離開上海，離開中國之後，調適得像一位學者，像一位適應西方出版胃口的作家，毫無疑問，也許張愛玲就是一位漢學家，一位以英文寫作中國的作家了。她個人調適成功，卻永遠不是「傳奇裡的張愛玲」了。

我是從這角度理解張愛玲的。

張愛玲的傳奇，如果只從完全否定她，或完全崇拜她的立場出發，無法印證她的傳奇張力有多大。

但「唐文標事件」，可能恰好是一個有趣的例子。

在我年輕時，唐文標曾因為評論張愛玲，名噪一時。但那也應該是一個時代錯置的誤會。

唐文標是台灣寫實主義鄉土文學的先鋒旗手。他的評論，他的攻擊現代主義，為二十世紀七十年代的鄉土文學運動，吹起號角。

他著名的宣言式文章〈什麼時候什麼地方什麼人——論傳統詩與現代詩〉，最能看出他的文學主張。

但這樣一個人，卻終其一生，不算長的一生，「愛恨張愛玲」！

他顯然喜歡張愛玲的文字，但張愛玲的作品，最好的作品，卻無一不是「一級一級走進沒有光的所在」！

唐文標為張愛玲編了好幾本研究資料，為「張愛玲學在台灣」，留下時代的印記。但張愛玲明明就不見容於唐文標的「文學主張」啊！

要解答唐文標的困境，唯一答案，不是在文學論述的色調裡，拚命調色。而是，根本要承認，張愛玲的特殊性，就在她的獨一無二！

這份獨一無二，不只是文學史上的「作家傳奇」的獨一無二，也在她自身創作上的獨一無二，她連自己想「複製自己」、「延長自己」，都毫無可能！

這就讓我想到科學史研究上，「典範」（paradigm）的概念。

典範，是用來統整齊一性的。

在同一個典範概念下，一群知識社群裡的人，彼此概念相近、理念契合，彼此激盪，構成一個「典範盛世」。

但總有怪咖，總有非我族類的奇葩吧?!

怎麼辦？

存而不論，或，視而不見。

但張愛玲是百年難得一見的文學奇蹟，是永遠「孤芳自賞」、「獨樹一格」的文壇水仙花！

你怎能不看到她，怎能不被她臨水自照的光豔所吸引？

炮聲隆隆的「大俠」唐文標，會在他即將興風作浪的鄉土文學典範風暴之前，為張愛玲立碑！

這本身，就是「張愛玲傳奇」的另一章！

4 沒有光。沉淪的美學

大俠唐文標當年炮轟現代主義台灣詩人，意象晦澀，不知所云，沒有反映時代。他總結張愛玲作品的評語，「一步一步走向沒有光的所在」，正好可以反證他所主張的文學價值：「什麼時候什麼地方什麼人」！

文學就是要迎戰它的時代啊！

然而，張愛玲處理的題材，卻是「離現實很遠的」。是上海租借地「不談現在，不論國事」的頹廢與享樂氣氛下的產物。

既然如此，一位即將掀起台灣鄉土文學論戰，主張寫實主義風格的大俠，何以對張愛玲「情有獨鍾」？

按理講，「走向沒有光的所在」的作品，是沉淪，是陷溺，根本不值得提倡（尤其對鄉土文學的宣揚者而言），不是嗎？

但大俠唐文標卻為張愛玲，寫了《張愛玲研究》，編了《張愛玲卷》，還有一本厚厚的，堪稱台灣最早的，關於張愛玲作品的《張愛玲資料大全集》。（這本流出世面不多，因為版權爭議，回收。）

唐文標的文學訴求很清楚。

既然連周夢蝶、葉珊（楊牧早期筆名）、余光中都被他批判脫離現實。那麼，渾身沒落貴族氣，通篇文字是「沒落的『上海世界』的最好和最後的代言人。」這樣一個張愛玲，為何獨能被唐文標青睞？被他「愛得要死」呢？

應該就是那一抹昂首，仰起下巴，睥睨眼神，「文學家寫所能夠寫的，無所謂應當」的傲氣吧！

在左右兩翼文壇，無可避免因為抗戰，由於國難，而都捲入「感時憂國」的時代感，不敢言情不敢說愛的年代，張愛玲卻獨樹一格，為一群勢必被淘汰的「遺民」，為一群「小市民的小情小愛」，譜寫了動人的故事。

這是她的勇氣，也是她的愚騃，更是她的天真。

但若少了才情呢？

張愛玲不會打動人心，不會讓唐文標愛得要死。

張愛玲的才情，正是她作品「文學性」的成功。

一群沒落王孫，抽鴉片娶小妾，關在陰暗的室內，任憑外頭市塵喧囂，寧可有一日沒一日的虛度，也不願打開門窗走出去。

從托爾斯泰的寫實主義，從唐文標的作家要引領社會向前來看，張愛玲的題材，都是廢人，不足浪費筆墨。

可是，張愛玲卻把他們寫成你讀了之後，心海中總難免要盪漾，要懸浮，要感嘆著，真是愚蠢啊～真是可悲啊～真是……

這就是張愛玲的魅力。

她的「文學性」，把你「認知的」一群廢人，改寫成「張愛玲筆下」可憎可憐可愛可歎的一群人。

通過張愛玲，你得以重新認識那些「陌生人」、「陌生國度」。進而疼惜他們。認知是分析的，美學是感受的。

張愛玲豈不知道時代是倉促的，是破壞的？她知道的。

她知道「我們的文明，不論是昇華還是浮華，都要成為過去。如果我常用的字是『荒涼』，那是因為思想背景裡有這惘惘的威脅。」

張愛玲豈不明白她的文字一步一步走向沒有光的所在？

但那就是她的美學。

那就是至今獨一無二的「張愛玲傳奇」！

5 凡人的神性，是蒼涼

張愛玲之所以迷人，在她知道自己是怎樣的一個人，怎樣的一個作家！

她只寫自己想寫的題材，不在意別人怎麼看。

她的時代，是風雨飄搖的時代。

沒錯，從右翼的民族主義來看，民族興亡，匹夫有責；從左翼的共產主義來看，帝國主義、封建思想，統統要剷除。

文學的主旋律，因而是「感時憂國」的。題材，因而是大風大浪大主題的。

張愛玲不是不知道。

她很早便在〈自己的文章〉裡，「發現弄文學的人向來是注重人生飛揚的一面，而忽視人生安穩的一面，其實，後者正是前者的底子。」

她最精采的堅持是：「強調人生飛揚的一面，多少有點超人的氣質。超人是生活在一個時代裏的。而人生安穩的一面則有著永恆的意味，雖然這種安穩常是不安全的，而且每隔多少時候就要破壞一次，但仍然是永恆的。它存在於一切時代。它是人的神性，也可以說是婦人性。」

張愛玲是不寫「飛揚」，不寫「超人」的。但她發掘了一種凡人皆有的「神性」。因為不昂揚，不飛揚，她乾脆說屬於女人的特質。

飛揚的作品，「力」的成分高，然而「美」的成分降低了。她說，你看「死生契闊，與子成說；執子之手，與子偕老。」多麼悲哀，可是裡面的態度卻是何等的肯定！

壯烈是力，卻沒有美，少了人性。

悲壯是大紅大綠的配色，強烈的對照。刺激性大於啟發性。

張愛玲最愛的，還是蒼涼。

蒼涼有更深的回味。是蔥綠配桃紅，有參差的對照感。

不懂嗎？

想想司馬遷怎麼寫項羽烏江自刎那一段。

霸王別姬，虞姬舞劍，美人自刎，英雄末路，奈何奈何啊！

有悲壯，更蒼涼。一路寫來，參差錯落，成者固然為王，敗者必然如寇，但人性的起伏，絕不如外表成敗那麼截然。

司馬遷的〈項羽本紀〉如詩如歌，正因為他感受到蒼涼之美、無奈之歎。項羽成千古悲劇英雄，乃因他像個人性糾結的人！

張愛玲的小說功力，不在她主題的飛揚，而在她婉轉細膩，挖掘凡人的神性。那些在日常生活裡，小資小愛，「不徹底的人物」，她愛。

她顯然是認定「極端病態與極端覺悟的人究竟不多。時代是這麼沉重，不那麼容易就大徹大悟。」

多數的「不徹底的人物」，都不是英雄，而是這時代的廣大的負荷者。他們雖然不徹底，但究竟是認真的。

他們沒有悲壯，只有蒼涼。

悲壯是一種完成，而蒼涼則是一種啟示。

斷然向一張舊情人的網羅告別說再見，慧劍斬情絲，是悲壯的完成。

然而，你終其一生，藏著那把劍，不時在心頭淡淡飄浮，一抹幽幽暗暗的關於初戀的執著，那是一股蒼涼。

張愛玲筆下的「不徹底的人物」，都負荷著時代的包袱，但他們沒有選擇大徹大悟，或者，他們僅能小徹小悟，於是在時代的縫隙裡，求生求存，也便是一個又一個的啟示了。

但張愛玲竟然把他們都寫活了！

寫成大時代主旋律裡，變調的一章，動人的一頁。你不能不佩服。

沒有張愛玲，歷史看不到「不徹底的人物」！

6 最徹底的人物・七巧（上）

張愛玲說過，除了曹七巧，她筆下都是「不徹底的人物。」

於是，先了解七巧這人物的「徹底性」，更能反襯出其他「不徹底的人物」。

〈金鎖記〉是我愛一再重讀的精品。

每次重讀，感觸不一。

有時，驚悚。有時，傷感。有時，驚豔。有時，無言。

毫無疑問，這是張愛玲最成功的作品。

老實說，後來她在海外，改寫成長篇的《怨女》，相對遜色。

曹七巧是傳統社會，典型的，媳婦熬成婆，變態角色。

她奸巧，徹底。

她，壞的徹底。

她，也讓人恨得徹底。

但同時呢，你也可能同情她，非常徹底。

〈金鎖記〉是張愛玲喜愛《紅樓夢》最直接的證據。

角色刻畫，愛從旁人的視角出發。

七巧活跳跳，無疑王熙鳳的翻版，當然是潑辣剽悍的那一面。

但〈金鎖記〉也見證了，張愛玲以「蒙太奇」，以「意識流」等現代主義的技巧，跳接時空，挖掘七巧內心翻騰的能耐，使得〈金鎖記〉有了曹雪芹所不及的「內心劇場」。

七巧打一開始，便是「婚姻不自主下」的犧牲。嫁給大戶人家，一個殘廢兄弟。

她嘴碎，心機重，見不得人家好，也容不下他人一點點的輕蔑。日子一久，大家也便怕她，由她了。她愈是如此張狂，她內心愈遠離自己的純真。

張愛玲讓七巧偶爾回想，她還是麻油店小姑娘的時候，鄰里街坊，視她為「麻油西施」的小小得意。

她本可以嫁個肉販青年，嫁個裁縫兒子，嫁個哥哥的拜把兄弟，「如果她挑中了他們之中的一個，往後日子久了，生了孩子，男人多少對她有點真心。」

七巧晚年，常常這樣回想。但，那也畢竟只是回想。

她畢竟嫁了個殘廢。雖然也生了一男一女。但扭曲的大家庭，守活寡的憎恨，一點一滴的，在吞噬她，掏空她。

她也曾挑逗她的小叔，但小叔怕她。

等到小叔在分家之後，在她死了廢人老公之後，上門表達心跡時，她又由於一貫的防人之心，把小叔給趕了出去！

她不痛苦嗎？

她很痛苦。

她不甘心，自己如此痛苦。

她痛恨小叔逛窯子，亂花錢，敗掉家產。

她不要自己兒子步上後塵的方式，竟是讓他在家吸食鴉片，讓他早早成親。

但一個媳婦熬成婆的人，怎能不苛刻媳婦？

她顯然是享受虐待媳婦之樂趣的。媳婦管不住兒子，再替兒子討一房小妾。媳婦死了，小妾扶正，然而，不多時，也吞食鴉片自盡了。

都民國了，但七巧仍然讓她，讓她的家庭，糾結在晚清的氤氳的迴廊裡。

她的女兒長安，自小屈服於母親的淫威。老大不小了，仍論不及婚嫁。跟著老媽一塊吸鴉片。

七巧的變態意識最駭人的，是她破壞女兒好不容易與一位留洋歸國男子的婚約。

所有讀者都不會忘記那一幕的。

七巧瞞著女兒，約了她男友到家裡吃飯。

她出現後，閒話幾句。問起女兒呢？她若無其事的回應：「她再抽兩筒（鴉片）就下來了。」

驚得留洋歸國滿腦子新觀念的男友當場怔住。

七巧慢條斯理地補充，說是從小身子不好靠吃這個治病。一吃也吃了十年。

狠狠，再捅一刀。

偶爾抽，還可以包容，如果夠愛的話。但戒戒抽抽，一晃十年。哪個愛人敢接受呢？

男友倉皇告別。

女兒默默送他。

她的最初也是最後的愛。斷送在母親七巧的手上。

狠吧！變態吧！

7 最徹底的人物・七巧（中）

七巧的晚年，應該是很落寞的。

她的兒子，先後娶兩門媳婦，全被她逼死了。兒子不敢再娶，只在妓院走動。

她的女兒，斷了結婚的念頭，躺在家裡，吸鴉片，愈來愈像她。

七巧最終守住她的家，守住她的一雙兒女。但卻是一個破碎不堪的家。「三十年來她戴著黃金的枷。她用那沉重的枷角劈殺了幾個人，沒死的也送了半條命。她知道她兒子恨毒了她，她婆家的人恨她，她娘家的人恨她。」

但她能怎麼辦呢？

她已經是乾癟的老人了。

不是歲月催她老，而是，她的心機，她的閉鎖，把她迫得更老，更憔悴。

老，在張愛玲筆下，是很不堪的。

七巧手腕上，掛著一環翠玉鐲子。

晚年時，她可以「徐徐將那鐲子順著骨瘦如柴的手臂往上推，一直推到腋下」。乾癟的手臂，已經很嚇人，更嚇人的，是她顯然常常這樣把玩那鐲子！

若不是百無聊賴，若不是心中藏有一些些什麼惆悵，她應當不致於這麼無聊，有事沒事，把手腕上的鐲子，推上推下，那既像一種單調日子的反復，也像一種下意識呆滯的折磨。

果然，接下來是，「她自己也不能相信她年輕的時候有過滾圓的胳膊。就連出了嫁之後幾年，鐲子裏也只塞得進一條洋縐手帕。」

鐲子一直在。手臂，卻日形凋萎，翠玉鐲子可以因為時間琢磨如骨董而潤澤而珍貴。掛鐲子的手腕卻也因為時間如風化的岩石而凋零。

莫怪乎，晚年的七巧，躺在那，想起自己十八九歲當姑娘的青春時分，挽起藍夏布衫袖，露出一雙雪白的手腕，上街買菜。

她像蝴蝶一樣，穿過大街。

她像春風一般，拂過街坊攤位。

喜歡她的男孩，睜大眼睛，一個接一個的投以愛慕。

她如果當時挑了一個，人生會不會不一樣呢？

每每這樣想著，時光便老了。

「七巧挪了挪頭底下的荷葉邊小洋枕，湊上臉去揉擦了一下，那一面的一滴眼淚她就懶怠去揩拭，由它掛在腮上，漸漸自己乾了。」

七巧再怎麼可恨，每回我讀到這一段收尾，其實也多半見諒了她。

一個可憐可悲可憎的女人。

但為何，張愛玲要說「除了她」，其他筆下人物都是「不徹底的」呢？

七巧之所以最終，自己嘗盡自己的作孽，原因就在她是「最徹底的人物」。

張愛玲塑造了不少角色，不管是男是女，多半是，被時代，被夾縫，推著走。即便反抗，也是很不由衷的反抗。〈紅玫瑰白玫瑰〉裡的振保，就很典型。〈傾城之戀〉裡，白流蘇、范柳原也是。

唯獨七巧，帶著怨恨，防著他人，堵著親人，一路往她其實也不很明白的路子走去。

她不能做教子有方的賢母。

她不能做為女擇良婿的丈母娘。

她甚至不能放手偷情小叔，放棄了最後一次讓徐娘半老的身軀與靈魂，得到愛與性的滋潤。

她是一個非常決絕的角色。

充滿矛盾、困惑，卻由於執拗的個性，終致於一生帶著黃金的枷鎖，一輩子不快樂也一輩子讓人不快樂。

你懂了吧？張愛玲說，除了七巧，其他人物都是「不徹底的」。

因為夠徹底，你才敢痛，痛得像一種沉淪！

8 最徹底的人物・七巧（下）

沒有直接證據，張愛玲讀過佛洛伊德。

不過二〇、三〇年代，佛洛伊德在中國知識界，並不陌生。

後來昨非今是，與毛澤東相互唱和的郭沫若，年輕時，也曾用佛洛伊德的理論，詮釋古典，創作小說。

魯迅亦然，還直接翻譯了，受佛洛伊德啟發，而寫出《苦悶的象徵》的日本文藝評論家廚川白村作品。

張愛玲沒理由不間接知道，或二手閱讀過。

但她的《金鎖記》，像是承接了佛洛伊德理論，也提供了佛洛伊德理論，一個很好的詮釋樣本。

七巧的老公是個廢人。

性生活勉強能支撐生兩個孩子。

其餘，都算奢侈。

張愛玲並未著墨七巧的情慾。不過，間接的影射，不少。

在無人處，她挨著小叔坐下，聊起他二哥（即老公）如死肉一般的腿，順勢把手貼在小叔腿上。小叔變了臉色，但沒拒絕，反而伸手揑她的腳。

七巧幽怨的說：「天哪，你沒挨著他的肉，你不知道沒病的身子是多好的……多好的……」

這回試探，男方退卻了。

七巧繼續幽怨。

她老公生的是軟骨症，是骨癆。終日躺著，勉強坐起身，全身上下沒有她那三歲的孩子高！這當然是七巧在她兄嫂面前抱怨時的忿忿之語。然而，放在現實生活裡，不難推測，她的閨房之樂，何其慘然！

讀這一段，我也會聯想到張愛玲很熟悉的《金瓶梅》，潘金蓮痛罵武大郎三寸丁，何嘗不是類似的情慾不能滿足之痛。

潘金蓮夠狠，偷人殺夫。七巧也想偷情，無奈不成。但她若能殺夫呢？沒有任何線索，可以推敲。可她屢屢在人面前，提自己老公是廢人，沒人氣，毫無顧忌。而她老公則如同空氣人，除了名字出現外，從未現身！則反襯出七巧的憤怨，以及婆家一家的內疚與壓抑。

七巧不時想到昔日肉鋪的青年，跟她打情罵俏，順手拿下一片生豬油，「重重的向肉案一拋，一陣溫風撲到她臉上，膩滯的死去的肉體的氣溫……」她腦袋想著肉鋪青年，身邊正躺著她老公，那沒有生命的肉體。生氣蓬勃的肉體，死氣沉沉的肉體。哪裡會沒有性的苦悶、性的壓抑呢？

七巧的兒子，身體健康，娶了健康的媳婦。

最能讓佛洛伊德介入的段落，無疑是七巧與兒子的關係。

她躺在煙床上吸鴉片，要娶了媳婦的兒子陪她。「七巧把一隻腳擱在他肩膀上，不住的輕輕踢他的脖子。」碎碎的念，有了媳婦忘了娘，有了媳婦忘了娘。

兒子跟她鬥嘴調笑。兒子陪她吃了一晚的鴉片。

七巧追問了很多，兒子與媳婦的閨房事。隔天，成了她跟打牌女眷的閒扯話題。

沒有壓抑，就沒有好奇。

沒有好奇，就沒有窺探。

七巧的一雙兒女，被她想方設法，留在家中，留在身邊，留在鴉片煙霧濛濛的，與外在世界脫節的時空裡。

不想反抗嗎？當七巧還在時，反抗得很卑微。兒子只是不再娶，逛妓院。女兒只是不嫁了，沉迷鴉片，愈來愈像母親。

但七巧過世後，兒女分了家。最終有人在街頭看見她女兒，跟一位男子當街，在攤子前，挑選吊帶襪。男子為她買了一雙吊襪帶。

這收尾厲害了，張愛玲。

一生禁錮兒女的七巧，能知道她女兒穿起吊帶襪，當街跟男人眉來眼去嗎？

9

〈金鎖記〉那麼好，難怪《怨女》委屈了（上）

七巧後來變身成銀娣。

〈金鎖記〉後來演化成《怨女》，而《怨女》又有英文版本，《*The Rouge of the North*》（北地胭脂）。

從中篇小說，到長篇小說，經歷了一九四三到一九六六年左右，二十餘年時光。

張愛玲已非昔日的文藝美少女，而是歷經滄桑的，經濟困窘的中年婦人了。

她昔日寫文章成名的孤島上海，抗戰中國，也已經是赤色共產統治的中國，所有的小說場景，倍受意識形態改造的衝擊。

赴美之後，張愛玲在生活、在寫作上的不少片段細節，如今，透過她少數的好友往來信件，我們得以窺知一二。

一語概括，相當辛苦。

真心喜歡〈金鎖記〉的讀者，對二十幾年後，變身為長篇的《怨女》，多少會有些失望。

這箇中原由，我們不妨細細檢索。

把張愛玲推向英文世界的，《中國現代小說史》作者夏志清，編注過一本《張愛玲給我的信件》。

與張愛玲私交篤密的知名翻譯家宋淇夫婦（宋淇筆名林以亮），亦留下珍貴的《張愛玲私語錄》。

都可以讓我們去捕捉行事低調，個性孤僻的傳奇作家，令人感傷的後半生。

夏志清寫過一段文字，總結了赴美之後，張愛玲的創作與生活。

「張愛玲為了生活不得不做她不喜歡的事，教書，做研究非其所長。她不與人接觸，只能寫她熟悉的事，她改寫《怨女》、《半生緣》都是說的老上海，揭露中國人的醜陋，不合美國人的胃口，得不到出版商的青睞。除了皇冠的稿費沒有固定的收入，耽誤了看好醫生，將皮膚癢當作跳蚤侵蝕，屢次搬家，影響了她的創作力，真為她惋惜。」

夏志清把張愛玲推向西方，是張愛玲赴美之後，很重要的與西方評論界、出版界，對話的窗口，又與她惺惺相惜數十年。這段評語，既是公論，也是朋友的喟嘆。

這段時期的張愛玲，有了她人生的第二個婚姻，劇作家賴雅。可惜初期的甜蜜生活，很快的，由於賴雅本身年齡大，身體不好，經濟狀況不佳，連帶也把張愛玲拖入必須扛起家計的重擔。

貧困夫妻百事哀，慣常在小說中，描述家道中落困坐無奈心情的她，卻不能不挺身而出。

但一介作家，能做什麼呢？

寫作，是唯一出路。

《怨女》的出場，要從這背景去了解。

但張愛玲不是沒困境，沒局限的。

她無法擴大寫作的範圍，幾個長篇《秧歌》、《赤地之戀》、《半生緣》、《怨女》，依舊以她熟悉的老中國、老上海為主軸。

她即便完成這些長篇，仍面臨兩個艱難處境：西方讀者未必感興趣。而中國大陸政權變色，沒有她出書的空間，台灣或海外華人讀者，念舊捧場固然有，但比較她頂峰時的傑作，則不免困惑她的長篇並未超越也不出色！

但我們能責備張愛玲嗎？

每一位作者都有他的限制。

一個傳奇作家，難道就沒有嗎？

只是，愈了解張愛玲的中年境遇，我們也許就愈心疼她吧！

10

〈金鎖記〉那麼好，難怪《怨女》委屈了（中）

〈金鎖記〉的評價，是空前的。

夏志清甚至說，〈金鎖記〉是「中國自古以來最偉大的中篇小說。」

正因為〈金鎖記〉這麼好，評價與讀者反應，都是一等一。或許，中年後的張愛玲，才起心動念，要把它改寫成長篇，改寫成英文吧！

但我從年輕時讀《怨女》，到後來有空再讀，只覺得不錯看，但很難感覺它是一流作品。尤其，是要拿來跟它的前身，〈金鎖記〉兩相對照的話。

其實，若真要對照，我們也可能會同意，張愛玲實際上，是擅長中短篇，遠勝於長篇的。

〈金鎖記〉幾乎段段有佳句，句句露驚奇，通篇如詩如歌，因而可泣，可嘆，可歌。

然而一旦拉長，佳句固然有，可是鬆散之感，亦不時可見。

〈金鎖記〉倘若是一杯濃濃郁郁的熱拿鐵，那，刻意要拉長的《怨女》，就像你捨不得喝完那杯熱拿鐵，於是，分成好幾小杯，兌水兌牛奶，終至於，咖啡味也淡了，我們也喝了太多，於是顯得過飽後的慵懶。

從張愛玲與友人往返的書信可知，她寫《怨女》寫得滿辛苦、滿痛苦的。

一方面，現實生活壓力很大，要照顧衰老多病的老公賴雅，要想辦法籌錢顧生活顧醫療開銷。

另方面呢，英文世界顯然並未欣賞她的「張愛玲傳奇」，她從出版商方面得到的答案，不是很消極，便是根本了無音訊。

如果沒有〈金鎖記〉對照，《怨女》不會顯得單薄。

《怨女》突出了銀娣未出嫁前的青春熱情，強化了她的兄嫂逼她下嫁殘缺豪門的原委，更讓她的老公現身走到台前，這都是〈金鎖記〉作為一個中篇小說，削減掉的內容。

但平心而論，削去這些，真的有損於〈金鎖記〉的藝術性嗎？我認為，沒有。

不但沒有，反倒讓讀者自動以想像力，去填補作者意猶未盡的空白。這是藝術的張力，空白的美學。

《怨女》鋪陳這些背景，則不免失之於囉唆。

相對的，《怨女》不知基於什麼理由，刪除了原來七巧與她女兒長安的互動，讓我這〈金鎖記〉迷，十分惆悵。

要刻畫七巧一生的忿怨，被扭曲成一輩子困坐自我牢籠，必須要有一段非常有戲劇效果的情節，那就是她怎麼對待女兒！

兒子與母親，有戀母、弒父等情結的推陳。

女兒與母親，同樣有戀父與弒母的糾結。〈金鎖記〉看不出弒父，但明顯很弒母！

讀〈金鎖記〉，我們往往震撼於七巧對女兒非常微妙，又揪心的感情。

她誇張處理女兒與學校有關的事務，導致女兒害怕母親出現於校園。這點，至今還是許多青少年，青春期常見的與父母親關係緊張的畫面。讀來令人發噱，且會心。

但發展成，女兒寧可放棄學業，待在家裡，日復一日，年復一年，變成老小姐一枚！個性愈來愈像七巧，則不啻是母女關係史上，極為駭人的一幕！

完全可以成為文學史上，一頁驚心動魄的母女纏鬥史！不知為何，到了《怨女》，反倒不見了?!我非常納悶，亦無從理解。是張愛玲認為西方讀者比較能接受母子的戀母糾纏，而無法領會母女的弒母愛憎嗎？

還是，當時張愛玲內外交困，很難再精心雕琢更細膩的情節了呢？

11

〈金鎖記〉那麼好，難怪《怨女》委屈了（下）

《怨女》保留了不少〈金鎖記〉裡精采的橋段。

可是，或許是中篇變長篇，這些情節在中篇範圍內，確實張力十足。但在長篇花園裡，卻鳥不那麼語，花不那麼香起來。

〈金鎖記〉讓七巧的老公，姜二爺，始終如鬼魅一般，像個影子，只在眾人的言談間，小心翼翼的存在著，其實是非常高明的技巧。使得整棟家族穿梭的屋宇內，彷彿彌漫一股心知肚明，卻互不揭露的鬼魅氣息。

這，讓七巧非常受傷，因為人盡皆知，她是為何嫁到姜府的！

但，這也讓她得以橫行無忌，因為她是眾所周知的受害者，受害是一種能量，是一襲金鐘罩，足以防身，也是一記打狗棒，有事沒事可以戳刺一下旁人。

但在《怨女》中，二爺成了整日癱軟於床上的具體形象，靠抽鴉片提神，枕頭底下壓著一串雕出五百羅漢的核桃念珠，不是聽經度日，便是聽銀娣碎碎念。

太具體的形象，變得像充滿虧欠的好好先生，少了〈金鎖記〉裡，如鬼魅一般形影的壓迫感。

在塑造銀娣如何成為怨女的過程上，我總感覺，七巧惡婆惡媽被捏塑的過程，更能服人也更為震撼。

〈金鎖記〉裡，姜三爺，在七巧老公還在世時，與七巧曖昧的調情，是很精采的一段。言簡意賅，意象曖昧。

而《怨女》呢？便顯添足之處太多。

單單是三爺要銀娣唱歌，兩人磨磨蹭蹭好一段，就令人覺得囉唆，遠不如〈金鎖記〉裡，兩人趁四下無人，用捏一把腿的暗遞傳情，來得更驚心。

但長篇畢竟也有長篇的優勢。

少了含蓄曖昧的綿密，《怨女》則多了直接挑明銀娣與三爺偷情的賁張。

兩人在佛堂裡，當著襁褓嬰兒的面，激烈擁吻，三爺伸手摸索，「襯衫與束胸的小背心都是一排極小而薄的羅鈿鈕子，排得太密，非常難解開，暗中摸索更解不開。」而那時，嬰兒放聲啼哭。兩人難分難解，又要擔心哭聲驚動旁人。

非常有電影畫面的刺激性。

寫《怨女》時的張愛玲，已經完成過好幾部電影劇本。對文字描摹畫面的功力，尤其精準。

但她經營小說敘述的功力，轉到長篇，是否給人力有未逮的印象呢？

從夏志清含蓄的點明，張愛玲以中短篇見長來看，張愛玲在長篇小說上的成就，是可以合理質疑的，尤其，相較於她的中短篇。

另外，在完成《怨女》與英文版《北地胭脂》的那一陣子，張愛玲實處於內外交迫的窘境。夫婿賴雅健康不佳，財務困窘，淪落到領社會福利金度日，都靠張愛玲內外打理一切。但張愛玲從來不是一個很會自理營生的女人。這段期間，可以想見她的境遇。夏志清說她沒有時間沒有心境，好好寫小說，這絕對是一個客觀環境的因素。

改寫小說，需要時間，但生活的壓迫，無日不來。

張愛玲應急之道，是翻譯。她翻了不少名著。雖說是生活所迫，不得不然。但名家譯名家，也是英翻中的翻譯史上一段佳話。

張愛玲終其一生，膝下無子女。

實際上是，一九五六年，九月間，她隻身到了紐約，與外界不怎麼聯繫。因為她「墮胎」拿掉孩子。打胎之後，張愛玲仍無法好好調養身體，健康愈發走下坡。

夏志清感嘆：張愛玲的才華，晚年沒有發揮，是嫁了「兩個壞丈夫」！

12 張愛玲嫁了兩個壞丈夫（一）

好吧，我們來談談張愛玲嫁的「兩個壞丈夫」。

張愛玲一生，兩次婚姻。

一次，是在淪陷區上海，嫁給胡蘭成。

一次，是離開中國之後，暫居香港，轉往美國認識劇作家賴雅，奉子成婚。

夏志清說張愛玲「嫁了兩個壞丈夫」，前提是，張愛玲的小說才華，晚年沒能發揮，是因為嫁了兩個「壞丈夫」。

但，這個所謂「壞」，是什麼意思呢？

嚴格講，這個「壞」字，用在先後兩個丈夫胡蘭成與賴雅身上，滿容易使人誤解。需要進一步解釋。

夏志清是基於惜才，認為先後兩個丈夫，都耽誤了張愛玲的後半生創作，所以「壞壞」。

但賴雅的拖累，耽誤張愛玲，是因為他年老健康差，經濟條件惡化，迫使張愛玲必須「養家活口」，而無法專心寫作。

賴雅的壞，可以說是張愛玲「愛屋及烏」的選擇。也是藝術家常見的處境，為了扛起照顧家人的擔子，不得不犧牲藝術創作需要的時間與關注力。

這樣的「壞丈夫」，雖然令人替張愛玲惋惜，但對張愛玲本人，卻很可能甘之如飴。

這樣的「壞丈夫」，不是主觀上的壞，是客觀處境的拖累，值得同情。

但胡蘭成不同。

賴雅與張愛玲的婚姻，維持了約莫十一年。直到賴雅病逝。

胡蘭成與張愛玲的婚姻，頂多約三年左右。不過卻糾纏、糾結張愛玲，直到一九八一年胡蘭成過世，才算讓張愛玲卸下心防，安心過了十四年孤獨的歲月。

三年婚姻，竟催迫張愛玲對這段往昔的蹙眉，長達近半世紀！

這個才叫「壞」丈夫吧！

胡蘭成與張愛玲結束三年婚姻後，輾轉潛逃至日本。

到了一九七〇年代，他靜極思動，剛好碰上機會，中國文化學院請他赴台任教。一池春水，於焉攪動。對賴雅過世後，安靜了幾年的張愛玲，起了平地無謂的風波！

一九七五年十月間，張愛玲寫了封信給宋淇。

「趕寫《小團圓》的動機之一是朱西甯來信說他根據胡蘭成的話動手寫我的傳記，我回了封短信說我近年來盡量de-personalize讀者對我的印象，希望他不要寫。當然不會生效，但是這篇小說的內容有一半以上也都不相干。」

不久，張愛玲再寫一封信。

「《小團圓》是寫過去的事，雖然是我一直要寫的，胡蘭成現在在台灣，讓他更得了意，實在犯不著，所以矛盾得厲害，一面補寫，別的事上還是心神不屬。」

兩封信道盡了張愛玲知道胡蘭成四處說她的心情。

應該也是很怒很羞很複雜吧！

畢竟過去那麼多年，胡蘭成還在拿昔日三年不到的感情做文章，她當然很氣。

但當年又是她自己掉入那場愛情漩渦，又能怪誰呢？

看起來，張愛玲動手想寫《小團圓》，以小說形式來反思自己的一生，是早有準備的。

只不過，胡蘭成這一段，她到底該怎麼寫呢？

胡蘭成復出的動作，則加深了她的疑慮。也因而加快了寫書的速度，或加多了張愛玲對胡蘭成那一段往事的篇幅。

而胡蘭成做了什麼事呢？

他在一九七六年六月於台北，出版了《今生今世》！

13 張愛玲嫁了兩個壞丈夫（二）胡蘭成

與張愛玲長期通信的宋淇，在信裡是直呼胡蘭成，那個「無賴人」。

宋淇夫婦應該是最早看到《小團圓》全稿的讀者。而且，運氣真的很好，不是兩夫妻你搶我爭的看，而是小說原稿的正本、副本，先後寄到，使得夫婦倆「一人一份的先睹為快」。

很明顯，宋淇的夫人鄺文美與她的夫婿宋淇，意見很相近。擔心出書後的衝擊。

「這本小說將在萬眾矚目的情況下隆重登場，我們看得非常重要，所以處處為你著想，這片誠意你一定明白，不會嫌我們多事。」

他們夫妻到底擔心什麼呢？

張愛玲完稿後，自己這樣總結：「《小團圓》情節複雜，很有戲劇性，full of shocks，是個愛情故事，不是打筆墨官司的白皮書，裏面對胡蘭成的憎笑也沒像後來那樣。」

但看在她長期友人眼裡，感受顯然不同，思慮方向也很緊張兮兮。

宋淇知道，張愛玲是以小說形式回顧自己一生，讀者也一定會這樣想，於是按圖索驥，讀小說像對照地圖一樣，勢不可免。

問題是，胡蘭成這個「無賴人」，「他人就在台灣，而且正在等翻身機會，這下他翻了身，可是至少可以把你拖垮。」

宋淇憂心忡忡的，對張愛玲分析。

於是，宋淇的建議是，不妨修改胡蘭成的段落。

讓胡蘭成，或好事者，無法對照小說，說這段如何如何，那段又如何如何。

張愛玲的回應，「非常張愛玲」。

她當然明白好友的心意，亦知小說一旦出來，可能的狀況，但她說：「我是太鑽在這小說裏了，……這是一個熱情故事，我想表達出愛情的萬轉千迴，完全幻滅了之後也還有點什麼東西在。」

顯然啊，張愛玲即使多年後，不再喜歡胡蘭成了。但她對曾經經歷過的愛情，仍舊依戀「還有點什麼東西在」！這無疑是張愛玲之傳奇的傳奇性啊！

但好友再三勸阻。

張愛玲婉轉採取拖字訣。

她回信：「我現在的感覺不屬於這故事。不忙，這些都需要多擱些時再說。我的信是我全拿了回來，不然早出土了。」

這信裡的文字，訴說了張愛玲相當倔強的性格。她未嘗不知道朋友好意，未嘗在知性上不知道做某些調整的意義。但那就「不屬於這故事啊！」而且，她也告訴她的友人，不用擔心，當年的信件，她早拿回來了。並沒有流落在胡蘭成的手上。

這也等於告訴友人，告訴讀者，小說虛虛實實，未必全都要一一對照現實啊～

這麼反覆討論，效果是，張愛玲便把稿子擱下來了。

擱些時，再說。

一擱便擱到了胡蘭成過世。

張愛玲過世。

宋淇夫婦先後過世。

張愛玲文學遺產的執行人，宋淇夫婦的公子，宋以朗，決定讓它出版。但那已經是二〇〇九年了。

看來，沒有證據顯示，擱置的期間，張愛玲有大修過全篇小說。

張愛玲曾立下遺囑，要銷毀原稿，不出版。

沒人知道她真正的用意。

但從她的信件推敲，她當初既然不願意照友人建議修改原稿。晚年又乾脆執意要銷毀稿件。弔詭在於，於她有生之年，她並未親手銷毀。

為什麼？為什麼！

這複雜，詭異，令人難以理解的心境，不也是「張愛玲傳奇」的一頁嗎？

14 張愛玲嫁了兩個壞丈夫（三）胡蘭成

張愛玲「喜歡」胡蘭成嗎？

她絕對真心喜歡過。

她後悔了嗎？

曾經，有一段時間，她應該是後悔的。

那，為何從她晚年的《小團圓》裡，看不出來，她很後悔的痕跡呢？

這，有趣。

這問題，有趣。

這段感情有趣。

張愛玲面對好友宋淇夫婦的勸阻，打消了立即出書的念頭，擱置了稿子，一擱擱到她自己也過世了。

但，她寧可要銷毀稿件，也不願意照宋淇夫婦的建議，修改胡蘭成那一段。

這公案，必須解讀。

沒有經歷過錐心刺骨之愛情的人，或難理解。

但有過類似經驗的，該有同理心。

胡蘭成絕對是張愛玲的「初戀」。

胡蘭成閱人多矣，他愛上張愛玲，外人卻不能純粹從「獵豔」的角度看。以胡蘭成的自負，以他結交的女性來看，他「驚豔於」張愛玲的文采與才氣，進而，發現她的美麗迷人，完全可以合理化。

胡蘭成認識的女人，美過張愛玲的必有，才情勝過張愛玲的絕無。但初露頭角的張愛玲，花樣年華，青春本身便是美麗。何況，她還是胡蘭成先「著迷」她的文字，再驚豔於她的形貌！

套句胡蘭成自己的說法，美是個觀念，必定如何如何，美的喜歡亦有定型的感情，必定如何如何，但一碰上張愛玲，全打翻了！

這話，若改成我們現在的說法，不就是：我一遇上你，世界全變了樣，亂了套，變了調，我不再是我，我不再是以前的我！

胡蘭成這招之所以有效，是有前提的。

他遇上的是張愛玲。自視甚高，個性乖張，對愛情卻是紙上談兵。你能欣賞我的文字，又能接納我的孤僻，而且相貌堂堂，我當然怦然心動。

張愛玲自己說了。

「有人在雜誌上寫了篇批評，說我好。是個汪政府的官。昨天編輯又來了封信，說他關進監牢了。」

她開心地告訴她的好友。這是姊妹淘的閨密話，有玩笑亦有自得。

這是第一個好印象。

接著，張愛玲看到雜誌編輯轉來的書評清樣。

這編輯可也不是小角色，張愛玲的好友，孤島上海四大才女之一的蘇青。胡蘭成也認得。

「文筆學魯迅學得非常像。極薄的清樣紙雪白，加上校對的大字硃批。像有一種線裝書，她有點捨不得寄回去。」

文如其人，充滿想像。這是第二個好印象。

胡蘭成因案入獄，張愛玲既擔心書評不能如期發表，且開始幻想是否能救他出獄。

這充分顯示，張愛玲的「情竇初開」，十分天真。

第三個好印象，最直接。

胡蘭成來看她了。

「穿著舊黑大衣，眉眼很英秀，國語說得有點像湖南話。像個職業志士。」

張愛玲確實愛才子。這段追述，多年後，依舊流露出張愛玲對胡蘭成的「好印象」。

談過戀愛的人，都知道，這兩人的愛情，勢不可免了。

見多識廣的上海姑娘，不嫌棄對方一身陳舊，發音像內地來的鄉下人，但見他眉宇之間英姿颯爽，侃侃而談，顯然志向高遠。

這若不是打從心底好印象，又是什麼呢！

「他天天來。」

四個字，道盡了上海時期，張愛玲與她人生第一個愛情，是如何的穿越世俗，不畏人言。

15 張愛玲嫁了兩個壞丈夫（四）胡蘭成

「他天天來。」

張愛玲晚年仍然這麼寫著。顯然，也這麼回想吧！

很多張迷，因為她與胡蘭成有過一段，顯得焦慮。

總想，替偶像找個託辭。

但張愛玲在《小團圓》裡，替所有張迷，解了困。

她在書尾，寫她做了個夢。

小時候看過的好萊塢電影。

俗豔的風景明信片一般的風景，「青山上紅棕色的小木屋，映著碧藍的天，陽光下滿地樹影搖晃著，有好幾個小孩在松林中出沒，都是她的。之雍（即胡蘭成）出現了，微笑著把她往木屋裏拉。非常可笑，她忽然羞澀起來，兩人的手臂拉成一直線，就在這時候醒了。二十年前的影片，十年前的人。她醒來快樂了很久很久。」

天啊，這段文字，豈不是替佛洛伊德做了最好的夢的解析?!

唯有，始終在心底，惦記著一些些什麼的初戀往事的人，才最理解，這其中的千山萬水，無限糾葛！

胡蘭成絕對是「渣男」！

胡蘭成也是「漢奸」！

但，那與他跟張愛玲之間的今生今世，可以完全沒有關聯。

孤島一般的上海。

張愛玲如奇葩一般，躍然登場。

她是渴望愛情的。

一般男子，她接觸不算少，但中意的，不多。

沒有文采，她不愛。

沒有相貌，她不愛。

有文采有相貌，但沒有相遇的機緣，她也不可能愛！

胡蘭成欣賞她，在未見到她本人之前，透過文字欣賞她。還為她寫了書評。

張愛玲的讀者，應該記得的。

她在《傳奇》的再版自序裡，這麼期許自己的書，陳列在書攤上，「給報攤子上開一扇夜藍的小窗戶，人們可以在窗口看月亮，看熱鬧。」

而有名的「出名要趁早呀！來得太晚的話，快樂也不那麼痛快。」便是出自這篇再版序。

你可以合理的揣測，初成名的張愛玲，既然這麼期待讀者透過她開的窗看熱鬧，這時，來了個相貌堂堂，才華洋溢的輕熟男胡蘭成，輕叩她的窗牖，向她唱起如夜鶯一般的小夜曲，以張愛玲獨特的個性，她，會不開窗，不開門嗎？

當然，胡蘭成第一次去敲張愛玲的門，是碰了閉門羹。

但，張愛玲的心門，卻已經是打算「蓬門今始為君開」了！

愛情，是沒什麼道理的。

羅密歐與茱麗葉，在莎翁筆下，一場盲戀，走向悲劇。兩人在清楚各自的家世，明白愛情是毫無可能時，他們若跟我們一般世俗男女一樣，接受命運安排，那還有什麼驚天動地的愛情傳奇呢？

喜歡「張愛玲傳奇」的人，若無法接受張愛玲與胡蘭成的一段亂世奇緣，在我看，反而是很奇怪的一件事！

因為，傳奇傳奇，不奇，哪有傳之後世的價值呢？

你以為胡蘭成不知道嗎？

你以為張愛玲沒預感嗎？

錯了。她／他們心知肚明得很。

不然，胡蘭成不會在結婚證書上，寫下「願使歲月靜好，現世安穩。」

不然，張愛玲不會有那麼感人的一篇〈愛〉。「於千萬人之中遇見你所遇見的人，於千萬年之中，時間的無涯的荒野裏，沒有早一步，也沒有晚一步，剛巧趕上了，那也沒有別的話可說，惟有輕輕的問一聲：『噢，你也在這裏嗎？』」

我們不能因為張愛玲遇到的是渣男，是漢奸，就否定了愛情的純粹！

我們不能因為要成全張愛玲的偶包，就否認她當年的勇敢或愚騃！

那，正是傳奇的關鍵！

不完美。不完美。但傳奇。

16 張愛玲嫁了兩個壞丈夫（五）胡蘭成

「他天天來」。

張愛玲幹嘛讓他，胡蘭成，天天去找她呢？

倘若不是很有得聊，以張愛玲的個性，她不會敷衍人的。

你可以說張愛玲在感情上，很奇特，很單純，很愚騃。

但，要取得通往她感情花園通道的密碼，卻並非容易的事。

你也不能說胡蘭成見「色」起意，因為他的確是先被文章吸引的。

你也不能說，張愛玲被矇騙。因為，她也確實，讀到了胡蘭成的評論。親耳聽到了胡蘭成的蜜語。

但張愛玲是何等女子，你以為隨便胡捧亂捧，便能登堂入室，一親芳澤嗎？

張愛玲可不是後現代的現在，輕易可以一夜情的女子啊～

胡蘭成有一定程度的深度，這不應該否認。

否則，他沒理由，在千萬人之中，獨獨被張愛玲看上。

胡蘭成也有相當程度的鑑賞力，不然，他不會在千萬人之間，看出張愛玲內在的靈魂。

「是這樣一種青春的美，讀她的作品，如同在一架鋼琴上行走，每一步都發出音樂。」

看看，多懂讚美。

「但她創造了生之和諧，而仍然不能滿足於這和諧。她的心喜悅而煩惱，彷彿是一隻鴿子時時要衝破這美麗的山川，飛到無際的天空，那遼遠的，遼遠的去處，或者墜落到海水的極深去處，而在那裡訴說她的祕密。」

看看，很會撩妹吧！胡蘭成。

「她所尋覓的是，在世界上有一點頂紅頂紅的紅色，或者是一點頂黑頂黑的黑色，作為她的皈依。」

你看得懂，這渣男在說什麼嗎？

不重要，一點不重要。只要張愛玲看得懂，那最重要。

而這個當時爆紅的文青妹，還真喜歡這調子的撩妹風格喔！

胡蘭成的文章，我們現在讀得到了。

除了《今生今世》之外，《亂世文談》也蒐羅了他不少文章。

其中，兩篇，無疑是當年把妹敲開張愛玲心扉的鑰匙。

〈論張愛玲〉與〈張愛玲與左派〉。一九四四、一九四五年在上海兩家雜誌發表。

說胡蘭成「渣男」，可以。誰叫他用情不專。

但說他「人渣」，可能便過分了。

他評論張愛玲，還真評論到了骨頭裡。

張愛玲愛寫時代夾縫的一群。

這些題材，非文壇左右兩翼所愛。

當時的《天地》、《萬象》，不過是市井小民的休閒雜誌。知識分子，是不愛的，無論他是左是右。

但在上海，這座海派城市，淪陷區孤島，張愛玲卻聲譽鵲起！

有讀者喜歡，張愛玲開心。

但這些刊登她文章的雜誌，有點像現在美容美髮店咖啡小吃店裡擺放的刊物。也類似上班族通勤族，拿來在大眾運輸系統上打發時間的雜誌。閱讀的人不少，可是，真能點出她小說之美的人，卻是未知數！

這時，胡蘭成的文章出現了。

像在曠野中，胡亂遊蕩的張愛玲，在霧茫茫的大地上，乍見一人，騎白馬，響著鈴鐺，在她面前勒馬停住。

張愛玲看見光。看見懂她，要牽她手，上馬策馬，一塊前行的優雅騎士。

我沒糊弄你。張愛玲若不痴戀胡蘭成，她幹嘛多年後仍說：「她永遠看見他的半側面，背著亮坐在斜對面的沙發椅上，瘦削的面頰，眼窩裏略有些憔悴的陰影，弓型的嘴唇，邊上有稜。沉默了下來的時候，用手去捻沙發椅扶手上的一根毛呢線頭，帶著一絲微笑，目光下視，像捧著一滿杯的水，小心不潑出來。」

胡蘭成會撩妹。

張愛玲又何嘗不會撩哥哥呢！

她簡直看到一座雕像嘛！唯有初戀的人，才會看見雕像在眼前。

17 張愛玲嫁了兩個壞丈夫（六）胡蘭成

「他天天來。」

來了，兩人可以聊什麼呢？

以前，我們多半透過胡蘭成的《今生今世》，來了解張愛玲與胡蘭成的互動。很多張迷，難以接受。或者認為，胡蘭成有藉此拉抬自己身價之嫌。

可是，當張愛玲的《小團圓》出土後，可以確證胡蘭成雖不無美化自己的嫌疑，但大致上，所言不虛。

甚至，張愛玲還印證更多當年的親密。

胡蘭成很用心的評論了他當時所讀的張愛玲。

〈金鎖記〉、〈花凋〉、〈沉香屑〉、〈傾城之戀〉、〈年輕的時候〉、〈封鎖〉、〈連環套〉等等，那時期，張愛玲的小說，他都認真讀了。且寫下自己的評論意見。

胡蘭成還用心讀張愛玲的散文。

〈到底是上海人〉、〈公寓生活記趣〉、〈論寫作〉，他也寫了讀後心得。

胡蘭成不只讀張愛玲的文與字。
胡蘭成還讀張愛玲這個女子。
他說「張愛玲的頂天立地，世界都要起六種震動。」
他說「她的神情，是小女孩放學回家，路上一人獨行，肚裡在想什麼心事，遇見小學同學叫她，她亦不理，她臉上的那種正經樣子。」
他說「她的亦不是生命力強，亦不是魅惑力，但我覺得面前都是她的人。」
他說「我連不以為她是美的，竟是並不喜歡她，還只怕傷害她，美是個觀念，必定如何如何，連對美的喜歡亦有定型的感情，必定如何如何，張愛玲卻把我的這些全打翻了。」
他說「常時以為很懂得了什麼叫驚豔，遇到真事，卻豔亦不是那豔法，驚亦不是那驚法。」
我們這樣假想一幅畫面吧。
聰明，冷眼看旁人的張愛玲，讀了胡蘭成的文章。不錯，有魯迅筆鋒。她說。
這可是多大的回饋啊~
魯迅可是文壇一代祭酒。
文章先讀了。後來，人來了。
坐在那，娓娓道來，他對張愛玲的文章，是怎樣的一種透視。對隱於文章後面，那閃爍精光，卻不免無法與世人俗人相應對的靈魂，又有著怎樣的一種體恤與溫柔。
你說，張愛玲能不一步一步陷入愛的光影中嗎?!

胡蘭成很顯然是懂張愛玲的。

懂她有一顆靈敏易受傷的奇特靈魂。甚至，她出奇的高。與衣裳之間，有時，無法搭配的不協調。像青春期突然拉長的身軀，因而連看到自己的影子都很厭惡的莫名情緒。

更何況是，旁人有意無意，投以的目光。

這胡蘭成可厲害了。

他第一次與張愛玲見面，一談五小時。

這可不是約會看電影，看完再去吃飯喝咖啡，五小時很快過去。

而是紮紮實實的，兩人坐在客廳，你看我，我看你。你說一些話，我回一些話。只要稍稍有所不妥，只要稍稍話不投機，這第一次的晤面，也可能便是，最後一次了。

但他們兩人，一談，談了五小時。

張愛玲若不是覺得這人有趣。

張愛玲若不是認為他講的話題切合我心。

這五小時，豈不如坐針氈呢？

他們顯然聊了很多事。

還鬥嘴，還爭辯一些流行作品。

胡蘭成講了他在南京的事，等於交代自己。

張愛玲還回答了每月稿費的收入，這是把隱私對人傾訴。

唯有初見面的好感，能醞釀出這五小時的流光氤氳。

唯有想要再見面，再繼續見面的渴望，能讓彼此願意再多聊一會，再多看對方一些些時間。

我真想知道，這五小時，他們兩人各自上了幾次廁所?!還是，忍住，不想破壞氣氛呢！

兩人談了五小時。最後並肩走向弄堂口。

胡蘭成說：「妳的身材這樣高，這怎麼可以？」

張愛玲很詫異。幾乎要反感。

但兩人還是繼續有後來的約會，有後來的愛情。

胡蘭成突破了張愛玲的心防，突破了兩人身高的對比。

這老文青，把妹，有一套。有一套。

18 傅雷，為張愛玲打開評論的第一扇窗（上）

淪陷區上海，僅有的幾年時光，綻放出張愛玲傳奇，在現代中國文學史上，是奇蹟也是奇葩。

沒有張愛玲，三〇、四〇年代，幾乎就是文學論爭，口號滿天飛。安安分分的文學，只有張愛玲。

但淪陷區上海，剛好避開左右兩翼的火線，給了張愛玲獨特的溫床。誕生張愛玲奇葩。

夏志清雖然是推手，把張愛玲推向西方世界，奠定她在現代小說史上的分量。

但，夏志清對淪陷區上海文壇的了解，其實有限。

他曾撰文，說張愛玲走紅的時候，「想來沒有人曾以嚴肅的批評態度去分析她的小說，也沒有人把她同五四以來已享盛名的作家相提並論，去肯定她超前的成就。」

這觀點，恰恰反映了正統學界，對於類似張愛玲這樣的作家，很嚴重的「誤解」。

總認為，未經學術認證的作家，就難以進入文學的殿堂！

亦恰恰突顯了，孤島上海，在左右兩翼的夾擊下，被輕視輕忽的處境。

事實上，張愛玲嶄露頭角之際，評論，而且是相當有水準的評論，在上海便出場了。

其中，迅雨的〈論張愛玲的小說〉很具分量。

迅雨，是誰？赫赫有名，他是傅雷，名翻譯家，解讀西洋美術名著的藝評家，鋼琴家傅聰的父親，《傅雷家書》作者。

而，胡蘭成的〈論張愛玲〉亦不遑多讓，成為當時認識張愛玲小說的重要參考。

迅雨的評論，一九四四年五月，刊於上海《萬象》雜誌。

胡蘭成的評論，同年同月，上海《雜誌》刊載。

可見，上海雖是淪陷區，左右兩翼都沒正眼瞧它的文壇孤島，冒出一朵奇花，並非沒有高手看見！

迅雨的文章，劈頭便是：「在一個低氣壓的時代，水土特別不相宜的地方，誰也不存什麼幻象，期待文藝園地有奇花異卉探出頭來。」

但，張愛玲探出頭了。

迅雨也一開頭便表態：「我們的作家一向對技巧抱著鄙夷的態度。五四以後，消耗了無數筆墨的是關於主義的論戰。彷彿一有準確的意識就能立地成佛似的，區區藝術更是不成問題。」

迅雨等於提醒世人，技巧，正是張愛玲搶眼之處。

迅雨進一步說，當時作家最感興趣的題材，是鬥爭。但多半是針對外界的敵人：宗法社會，舊禮教，資本主義之類的。「可是人類最大的悲劇往往是內在的外來的苦難……個人在情慾主宰之下所招致的禍害，非但失去了洩憤的目標，且更遭到自作自受一類的譴責。」

迅雨等於攻擊了五四以後，左右兩翼作家搖旗吶喊，文藝是戰鬥。但鬥爭的主題，都忽略了人的內在掙扎與痛苦。

於是，他說「人的活動脫不了情欲的因素。鬥爭是活動的尖端，更其是情欲的舞台。去掉了情欲，鬥爭便失去了活力，情欲而無深刻的勾勒，便失掉它的活力，同時把作品變成了空的僵殼。」

迅雨的評論，立下了標竿：張愛玲是奇花。她技巧夠好。她的題材，看似不碰五四以後鬥爭大主題，實則卻是探討了人的內在自作自受的愚蠢與苦痛。尤其，在情欲的無邊無際的黑暗裡，張愛玲開出了一個全新的舞台。

於是，迅雨的評論目的很清楚：

他廓清了文壇主要的缺陷後，他要讓大家跟著他來瞧瞧，「新作家為它們填補了多少。」

以傅雷當時的分量，他對張愛玲的評價，即便嚴苛，卻是張愛玲小說奠定奇蹟的重要里程碑！

19 傅雷，為張愛玲打開評論的第一扇窗（下）

迅雨，就是傅雷。

以迅雨評論張愛玲小說的標竿來看，傅雷不愧是當時的公共知識分子。

努力想在時代的洪流中，仍維持頭腦冷靜，思慮清敏的判斷力。

尤其重要的，他堅持了一種超越意識形態的美學。

小說，要有技巧，要挖掘人的內心深層一面，不管要描述的是怎樣的一種人！

這套美學觀，使他能在淪陷區上海的文學花圃，看中張愛玲的小說。

用這些評論做準則，他第一眼，就高度評價了〈金鎖記〉。

迅雨說：「它是一個最圓滿肯定的答覆。」

這確實是定論。

張愛玲不少作品，可能見仁見智，但唯獨〈金鎖記〉，普遍公認一流的代表作。

迅雨也是很早看出張愛玲擅長的心理分析技巧。

不是落落長的，以文字堆疊的分析，而是「利用暗示，把動作、言語、心理三者打成一片。」

兩次叔嫂調情的畫面，「不光是那種造型美顯得動人，卻還綜合著含蓄、細膩、樸素、強烈、抑止、大膽，這許多似乎相反的優點。」

「每句話都是動作，每個動作都是說話，即在沒有動作沒有言語的場合，情緒的波動也不曾減弱分毫。」

你不覺得，連傅雷的評論文字，也美到驚人嗎?!

對比之下，迅雨對〈傾城之戀〉，可沒有那麼高的評價了。

他總認為，無論是白流蘇，或范柳原，都刻畫得不夠深。「〈傾城之戀〉的華采勝過了骨幹，兩個主角的缺陷也就是作品的缺席。」

但，迅雨有看出張愛玲小說中，很特別的擅長。

「微妙尷尬的局面，始終是作者最擅長的一手。時代，階級，教育，利害觀念完全不同的人相處一塊時所有曖昧含糊的情境，沒有人比她傳達得更真切。」

不是這樣嗎?曹七巧與小叔的偷情，白流蘇與家人的互動，范柳原與白流蘇開始的試探，振保與紅玫瑰後來的巧遇……太多太多，人與人之間，不知所措的愛與不愛，不都是微妙尷尬的局面嗎？

但你總得打發掉，不是嗎？

張愛玲在真實人生裡，可能可以不跟人接觸，門縫下遞信，書信上往來，紙條裡交代，但她於小說裡，卻把這樣的無可避免的尷尬，處理得令人心頭發緊，無可奈何。

但，迅雨的嚴苛評價，也引發後來一段關於張愛玲的文壇公案。

張愛玲是否不擅長長篇小說？

張愛玲首度嘗試的《連環套》長篇，是否因為迅雨的批評，而中輟了呢？

張愛玲後來在一九七六年出版的《張看》裡，談起《連環套》的始末。她承認寫得很糟，「寫了半天還沒寫到最初給我印象很深的電影院的一小場戲，已經寫不下去，只好自動腰斬。」她同時承認，同一時期另一篇《創世紀》更壞。也腰斬了。她本來以為，船過水無痕。

但不料，多年後被挖出來出版，她不得不上陣說明。

張愛玲說是「自動腰斬」。

但回顧當時，《連環套》連載了四期，便被迅雨痛批，「弊病是內容的貧乏。已經刊布了四期，還沒有中心思想顯露。霓喜和兩個丈夫的歷史，彷彿一串五花八門，西洋鏡式的小故事雜湊而成的。」

完全失去迅雨欣賞張愛玲短篇的優點。

以張愛玲自己的回顧，對照迅雨的批評，缺點看來雙方都有共識，就是雜雜沓沓，還沒寫到關鍵。

到底是不是傅雷斷了張愛玲首度嘗試長篇的創作夢？

還是，張愛玲真的不擅長長篇的巨作呢？

這公案，其實是可以在往後的作品裡，去找答案。

但你不覺得，張愛玲在最好的創作時光裡，遇上傅雷的精妙好評，不也是文學史上，上海孤島，很美的一抹霞光嗎？

是霞光。抗戰結束，國共內戰。張愛玲倉皇赴港。傅雷留在大陸。文革時，他的美學觀徹底被批判，夫妻雙雙自盡。孤島裡，作家與評論家的奏鳴曲，終成絕響！

20

張愛玲嫁了兩個壞丈夫（七）胡蘭成

「他天天來。」

張愛玲接納胡蘭成後，胡蘭成幾乎天天去。

在《今生今世》裡，胡蘭成的說法，則是每隔一天必去。

胡蘭成眼裡的「民國女子」，很多描述，觀察，屢屢引發很多張迷的不滿。

批他假借張愛玲，拉抬自己。

胡蘭成下筆，儘管文風高來高去，用字甜膩高蹈，有時令人驚喜，但看久了，亦不免困乏。

但，他基本上，並未著墨兩人的肉體親密關係。

而且，他的很多觀察，張愛玲非但沒否認，在自己的書裡，甚至承認。

所以，你可以不喜歡胡蘭成，但在他虛虛浮浮，甜甜膩膩的文字中，我們依舊可以勾勒許多「張愛玲傳奇」的構成要素。

張愛玲打一開始，便知道胡蘭成有家室。

她哪裡在乎呢？

「她崇拜他，為什麼不能讓他知道？等於走過的時候送一束花，像中世紀歐洲流行的戀愛一樣絕望，往往是騎士與主公的夫人之間的，形式化得連主公都不干涉。她一直覺得只有無目的愛才是真的。」

她崇拜他，到什麼程度呢？

「他走後一烟灰盤的烟蒂，她都揀了起來，收在一隻舊信封裏。」（Oh my god，張愛玲耶，也痴迷一個人至此?!辛曉琪的〈味道〉不是沒依據！）

胡蘭成一點沒瞎掰，他提起登在《天地》上的那張照片，翌日，張愛玲便取出給他，背後還寫有字：

「見了他，她變得很低很低，低到塵埃裏，但她心裏是歡喜的，從塵埃裏開出花來。」

張愛玲始終記得這畫面。

她還更進一步解釋。

照片是雜誌要用，特地去拍的，很貴，所以只印了一張。「陰影裏只露出一個臉，看不見頭髮，像阮布然特的畫（應該就是林布蘭特Rembrandt）。光線太暗，雜誌上印得一片模糊，因此原來一張更獨一無二，他喜歡就送了給他。」

當今手機畫素高，數位攝影隨手可拍，不一定能體會張愛玲這句話的真諦。以前，拍照是奢侈的事，麻煩，沖洗費時費錢。張愛玲的年代尤其珍貴。

她在只有一張照片的前提下，竟然就送給胡蘭成了！你覺得其中愛意，還需贅言嗎？

現在你開心，手機上送段影片，送組相片檔，輕而易舉。但張愛玲的年代，送張照片，背後簽名題字，基本上，不是敬你，便是愛你！張愛玲當時對胡蘭成，愛，不成問題；敬，亦不成問題。

胡蘭成談及張愛玲，未及一個性字。

反而，張愛玲在《小團圓》裡，毫不掩飾。

張愛玲自詡腿並不瘦，襪子上端露出腿的白膩。胡蘭成撫摸著，「這樣好的人，可以讓我這樣親近。」

這是肌膚的觸摸，情慾的起伏。

張愛玲處理得很象徵。「微風中棕櫚葉的手指。沙灘上的潮水，一道蜿蜒的白線往上爬，又往後退，幾乎是靜止的。她要它永遠繼續下去。讓她在這金色的永生裡再沉浸一會。」

你覺得胡蘭成的手指，會很安靜嗎？

「他天天來。」

當一對男女，突破了世俗，未婚已婚，漢奸與否的界線時，他們已經是在卿卿我我的小世界裡了。

張愛玲直到晚年，都沒淡忘昔日房間裡的風光雲影，那是烽火停滯的時光。

那是她小說〈封鎖〉的真實版。

該來的，還是來了。

21 張愛玲嫁了兩個壞丈夫㈧胡蘭成

「他天天來。」

談過戀愛的，不會不熟悉這句話。

熱戀期，天天想見你。

不見，會死。

張愛玲是才女，是當紅小說家。

門，被胡蘭成敲開了。

還讓他天天來。

難道還不算情投意合，熱戀嗎？

不管是張愛玲的「他天天來」，還是，胡蘭成的「每隔一天必去」。若不是郎有情妹有意，這樣常常膩在一起，幹嘛呢！

如果，我們比較傅雷與胡蘭成，同時發表的評論張愛玲文章。可以看出，傅雷是就小說論小說，就文字推敲其人其風格。

但，胡蘭成不同。

他也論小說評散文，但花了不少篇幅，細談「張愛玲這個人」。

我必須說，隔了這麼多年，再讀一九四四年五、六月發表的〈論張愛玲〉，你猶能感觸到，胡蘭成的用力認真，且用情的文字。

不容易啊～隔了七十餘年後啊～

當張胡皆已作古多年，我們回顧他們在文字中流露的相知相惜，你不能不有所感動！

傅雷是評論張愛玲。

胡蘭成是在導覽張愛玲。而且是，帶著滿滿愛意，敬意的，在導覽張愛玲。

評論，因為惜才，所以有疼有愛，有褒貶。

導覽，是要讓你知道我有多喜歡，所以處處留感情，隨處顯溫柔。

胡蘭成懂得投其所好。

張愛玲的小說散文，並非都好，在胡蘭成筆下，他則說：「如果拿顏色來比方，則其明亮的一面是銀紫色，其陰暗的一面是月下的青灰色。」

你覺得，胡蘭成說了什麼很明確的評語？

沒有。完全沒有。

若用專業術語來看，這些話，等於廢話，什麼都沒說。

但，若放在「寫評論不過是一種表態，一種搭起友誼的橋梁」的用心來看，這段文字超經典，應該供起來膜拜！

你若是張愛玲，看到傅雷的評論，你會尊敬他，然後停下連載的《連環套》，關起門來，獨自生悶氣。

但你是張愛玲，同時間，看到胡蘭成的評論，你可能會啐一口，罵聲馬屁精，然後，點燈，泡咖啡，坐下，一頁，一頁的讀完它。讀完了一遍，還不夠，要再罵他兩聲，然後，再讀它一遍。

傅雷像分析師般，懂她。

分析，如上手術台，冷冽，寧靜，不帶感情。

胡蘭成像導師式的，懂她。

循循善誘，點你的缺點也是口氣溫柔，但仍直指核心，並不寬貸。

「張愛玲先生由於青春的力的奔放，往往不能抑止自己去尊重外界的事物，甚至於還加以蹂躪。她知道的不多，然而並不因此而貧乏，正因為她自身就是生命的泉源。」

「倒是外界的事物在她看來成為貧乏的，不夠用來說明她所要說明的東西，她並且煩惱於一切語言文字的貧乏。」

「這使她寧願擇取古典的東西做材料，而以圖案畫的手法來表現。因為古典的東西離現實愈遠，她愈有創造美麗的幻想的自由，而圖案畫的手法愈抽象，也愈能放恣地發揮她的才氣，並且表現她對於美寄以宗教般的虔誠。」

胡蘭成厲害吧！

別人批評張愛玲自視傲慢。胡則解釋成，是青春力過度奔放。

別人指出張愛玲視野狹窄，脫離現實。胡則解釋，那是特意的選擇，抽離現實才有創造力的空間。

胡蘭成更是，敏銳的點出，張愛玲意象式，象徵性的表現手法，所彰顯出的美學。雖然，胡顯然對西方現代主義還不熟悉！

但，夠了。

對閱人不多，卻自負甚高的張愛玲來說，胡蘭成的出現，是她愛情門扉一直等待的人了！

22 張愛玲嫁了兩個壞丈夫（九）胡蘭成

「他天天來。」

我常想，在太平洋戰爭爆發後，敏銳的人都深深感覺到，日本軍國主義是在玩一場超出它的負荷能力的遊戲時，上海淪陷區的汪偽政權裡，稍有判斷力的高官，誰不會人心惶惶呢？

從金雄白的《汪政權的開場與收場》可以看出，胡蘭成相識張愛玲的時刻，汪精衛政權已經風雨飄搖了。

張愛玲若有一絲絲政治敏感度，胡蘭成若非有本質上的浪漫，他們根本不可能譜出一段戰火浮生錄的愛情！

我們從張愛玲後來的追憶來看，胡蘭成是漢奸這事，她從來沒太在意！

這一方面，認證了張愛玲的愚騃、單純，另方面，也證實了胡蘭成給她的印象，是值得飛蛾撲火，奮力一擲的。

胡蘭成把妹術裡，應付張愛玲，有他匠心獨運之處。

張愛玲何等心高氣傲，一味討好她，絕非高招。

胡蘭成的叩門術是，「該硬的時候硬，該軟的時候軟。」

胡蘭成自己的說法是，「我竟是要和愛玲鬥，向她批評今時流行作品，又說她的文章好在那裡，還講我在南京的事情，因為在她面前，我纔如此分明有了我自己。」

須知，胡蘭成是仰慕張愛玲的文名，而主動拜訪的。

在姿態上，張應該高，胡應該低。

但在談戀愛的姿態上，若一直低姿態，張愛玲怎會瞧得起你胡蘭成呢！

但，若一味高姿態，那就忘記了，張愛玲是何等女子了！

胡蘭成侃侃而談，勇於批評時下的流行作品，突顯他並非跟不上流行。但不忘抬高張愛玲的位階，讓張愛玲醺醺然。還交代他在南京的事。不免有坦白，不免有吹噓，但一定都是張愛玲好奇陌生的事。

一談，五小時啊～

流光易逝，好感亦增。

兩人約會，第一次，張愛玲去胡蘭成住處，已顯示這女子的灑脫，不落俗套。

第二天，胡蘭成回訪張愛玲住處。他對張愛玲的布置品味，是驚訝的。「她房裡竟是華貴到使我不安，那陳設與傢俱原簡單，亦不見得很值錢，但竟是無價的，一種現代的新鮮明亮幾乎是帶刺激性。陽台外是全上海在天際雲影日色裡，底下電車噹噹的來去。」

張愛玲是懂得過日子的，現代上海女子，是在香港念過港大，看過東方明珠之繁華的。上海又是自有一番海派風華，這對胡蘭成，一個並不那麼洋派的文人，無疑，是處處驚豔的！

從兩人認識後，幾乎常常膩在一起來看，兩人是情投意合的。

但張愛玲怎會不知道她若執迷不悟，愛上的，將會是一個有婦之夫！而且，還是漢奸一枚！

胡蘭成說「從此我每隔一天必去看她，纔去看了三四回，張愛玲忽然很煩惱，而且淒涼。女子一愛了人，是會有這種委屈的。她送來一張字條，叫我不要再去看她，但我不覺得世上會有什麼事沖犯，當日仍又去看她，而她見了我亦仍又歡喜。以後索性變得天天都去看她了。」

張愛玲並非沒有掙扎，但掙扎得太弱，太不爭氣。

胡蘭成絕對是痞子，明明自己有家有室，還說沒有事沖犯！

但兩人都是聰明人，豈會不明白，在圍城裡的日子，風雨飄搖，即便陽光明豔，也多少沾些雲翳呢！心底上的雲翳。

張愛玲晚年這樣回想：

胡蘭成說，我們這是對半，無所謂追求。

張笑笑，無言。

胡又說，「大概我走了六步，你走了四步，」討價還價似的，張笑了。

胡又說過，「太大胆了一般的男人會害怕的。」

張愛玲這麼寫著：「我是因為我不過是對你表示一點心意。我們根本沒有前途，不到哪裏去。」

但，當時，張愛玲想不出話說。即使要說也彷彿說得不是時候。「以後，他自然知道——不久以後。還能有多少時候？」

一九四三年胡蘭成對張愛玲展開追求時，距離日本戰敗，也沒有多少距離了！

23 張愛玲嫁了兩個壞丈夫（十）胡蘭成

「他天天來。」

但怎麼辦呢？

日本軍國主義日暮西山，胡蘭成又有婚姻。張愛玲不是沒有困惑的。

但他天天來，妳又不拒絕他。

聊天，愈聊愈投機，兩人愈靠愈近，親吻，擁抱，乃至愛撫，都是很合理的進展。

晚年的張愛玲，不忘回溯這段「我倆沒有明天」的親暱。

她知道「我們根本沒有前途。」

「她用指尖沿著他的眼睛鼻子嘴勾劃著，仍舊是遙坐的時候的半側面，目光下視，凝注的微笑，卻有一絲淒然。」

也許是胡蘭成一貫自負的文人神情，也許是，他心頭明白，來日不多的憂傷。

張愛玲對他說，「我總是高興得像狂喜一樣，你倒像有點悲哀。」

胡蘭成回她：「我是像個孩子哭了半天要蘋果，蘋果拿到手裏還在抽噎。」

下面這句很畫龍點睛：「她知道他是說他一直想遇見像她這樣的人。」

沒有愛，不會深情款款。沒有疼，不會指尖摩挲。

胡蘭成沒有描述兩人的親暱。

張愛玲，有。

胡蘭成撫摸她的小腿。邊撫摸，邊喃喃「這樣好的人，可以讓我這樣親近。」

張愛玲是陶醉的。

「微風中棕櫚葉的手指。沙灘上的潮水，一道蜿蜒的白線往上爬，又往後退，幾乎是靜止的。她要它永遠繼續下去，讓她在這金色的永生裏再沉浸一會。」

這段文字，恢復了往昔張愛玲擅長的象徵，隱喻，鏡頭式的語言。

像不像一位老婦人，因為深深眷戀起昔日美好，而斑痕的臉龐浮上一抹抹紅豔呢？

胡蘭成沒有描述房間內肢體的親暱。

張愛玲，有。

「有一天又是這樣坐在他身上，忽然有什麼東西在座下鞭打她。她無法相信——獅子老虎撣蒼蠅的尾巴，包著絨布的警棍。看過的兩本淫書上也沒有，而且一時也聯繫不起來。應當立刻笑著跳起來，不予理會。但是還沒想到這一著，已經不打了。她也沒馬上從他膝蓋上溜下來，那太明顯。」

那天後來，張愛玲只是對胡蘭成說，有人要我當心你。

談過戀愛的人，會懂，這哪是罵，是要當心；根本是撒嬌，是調情。

但張愛玲心頭並非沒有雲翳，沒有淡淡的幽光。

胡蘭成兩次提過想要結婚。

張愛玲想的是很女人的現實反應。你不離婚，我們怎麼結婚？胡蘭成要離婚，不付給對方一筆錢，根本辦不到。

胡蘭成見她不回應，便說那順其自然吧！

「她有把握隨時可以停止。」

張愛玲心中，這樣想。

《小團圓》裡，回顧這幅畫面時，有段相當象徵性的收尾。淡淡的憂傷，淡淡的抽離。

「他們在沙發上擁抱著，門框上站著一隻木彫的鳥。對掩著的黃褐色雙扉與牆平齊，上面又沒有門楣之類，怎麼有空地可以站一隻尺來高的鳥？但是她背對著門也知道它是立體的，不是平面的畫在牆上的。彫刻得非常原始，也沒加油漆，是遠祖祀奉的偶像？它在看著她。她隨時可以站起來走開。」

擁抱胡蘭成的張愛玲，心思一直飄盪著。

當下是真實的。未來是不可測的。

張愛玲相信自己可以隨時站起來，離開。

這是預示？也是自許！

但，奇特的是，這段回顧之後，張愛玲立刻把記憶跳接到十幾年後，她在紐約墮胎。

24 胡蘭成之後，賴雅之前（一）

張愛玲在《小團圓》裡，追憶往事，從胡蘭成的求婚不成，一下子，意識流，跳接到，十幾年後，她等著打胎，拿掉她生命裡第一個也是最後一個孩子，都四個月大了。

解讀「張愛玲傳奇」時，我們會遭遇一個有趣的弔詭。

如果，張愛玲離開中國後，在西方社會，能調適得很好，當上大學教授，英文寫作大暢銷，對她會不會更好？

顯然，一直很挺她的夏志清教授，是這樣以為的。

但，如果張愛玲真的成功適應了，那，還有張愛玲「傳奇」嗎？我懷疑。

你看過幾個大學教授，教授作家是傳奇的？

有大學者，有大作家，但不會有大傳奇。

成功適應西方社會的張愛玲，應該只是「張愛玲教授」，「作家張愛玲」，絕無「張愛玲傳奇」！

傳奇，傳奇，欠缺客觀條件的人生際遇，不足以稱傳奇。

傳奇，傳奇，沒有主觀條件上想做自己的意識，亦難以構成傳奇。

張愛玲一生，兩個男人。

年紀都比她大，大很多。

佛洛伊德式的分析很容易，由於她與父親的關係緊張，而從戀父情結找答案。但答案若是那般簡單易解，好像也沒什麼好探索的了，不是嗎？

戀父情結之外，張愛玲不善與人交往，也是一條線索。

她自己說過，終其一生，朋友就那幾位。

她又自視甚高，同輩男性，匹敵者稀少。

胡蘭成是自己找上門。賴雅是同在一個文學營。

難以置信的是，兩個男人，都是在一種近乎封閉的時空環境裡，由於話題投機，進而彼此好感，進而有進一步發展。

更為巧合的是，從旁人來看，這兩個男人，於張愛玲，都不適合。但偏偏張愛玲都愛上了。

你說她愛情品味「很特別」，那是客氣。

基本上，她是偏執。愛了，就愛了。不早，不晚，就在那個時間點。

一九五二年，張愛玲離開上海。進香港。

當時香港，一片混沌，謀生不易。

占領中國的共產黨，保留了香港的殖民地現況，做為它對外的窗口。香港得以容納大批流離失所，暫時喘息的逃亡者。

當然，國共內戰失利的國民黨，也在香港伺機而動，持續運作。美國的情報單位搭配這形勢，在香港亦連結各種反共，非共勢力，進行反共宣傳，出錢出力。

了解這時代背景，再看離開上海，離開共產黨中國的張愛玲，會比較明白她的倉皇，與選擇。

張愛玲是寫作的人。

在淪陷區上海，她靠稿費維持相當不錯的生活水準。

到了戰後香港，兵慌馬亂。有飯吃，不是件容易的事。投稿為生，顯然太天真。

這時，我們提到的香港做為英國殖民地，處於戰後，東西冷戰交鋒的一個國共文鬥，美國介入的特殊熱點，許多從中國逃離的知識分子，都不得不捲入美國戰後反共勢力的大漩渦裡。

我在國高中時期，看的翻譯作品，不少出自「今日世界出版社」。這單位，一方面，是提供了華人社會，非共產主義勢力範圍內，知識青年認識西方文化（其實就是美國主導的西方文化）的管道。另方面，則也灌輸了美國強勢主導的價值觀，導致我們這一輩幾乎全把美國當成世界核心、價值導師！

出走中國的張愛玲，毫無選擇空間的，落入當時東西方冷戰，美國勢力把文化文學當成意識形態操作的網羅內。她寫了反共小說。她翻譯了美國作家。她必須這麼做，要生存。她去了美國。她選了賴雅，當夫婿。她也必須這麼做。她要生存。

25

胡蘭成之後，賴雅之前（二）

張愛玲離開中國到香港後，經濟窘迫。

她是在美國新聞處找到翻譯工作糊口的。

即便，她曾是淪陷區上海最紅的作家，但二度來到香港，不但港大無法復學（沒錢），連生活都大成問題。

這段期間，張愛玲翻譯了海明威、愛默森、歐文的作品，但《張愛玲與賴雅》作者司馬新透露了，除了海明威，其他作者她都不喜歡。

於是呢，翻譯便成了苦差事。

張愛玲很有名的一段話，談翻譯時，她說：「我逼著自己譯愛默森，實在是沒辦法，即使是關於牙醫的書，我也照樣會硬著頭皮去做的。」

但在我知識成長初期，接觸到《愛默森選集》，並未注意譯者是大名鼎鼎的張愛玲！只覺得譯筆流暢，讀來順遂。

我相信不少人在讀「今日世界出版」的一系列美國名著時，泰半也不會留意到譯者。這是翻譯路上，譯者的宿命。

作家兼及翻譯，並不乏其人。村上春樹因為喜歡《大亨小傳》，還特地把它譯為日文。但前提是喜歡，或有使命感，想譯出來，讓更多人讀到。

像張愛玲那樣，不得不譯，確實悲哀了。

翻譯維生的同時，張愛玲動筆寫小說。是長篇小說。

《秧歌》是這段時期，張愛玲最受矚目的作品。

《秧歌》是先以英文撰寫。之後，張愛玲親自翻譯成中文。

現在沒證據，說張愛玲寫《秧歌》的初衷。不過，《秧歌》的英文版，確實一開始便受到英文出版社青睞。出版後，書評反應相當不錯。

按理講，這應該是張愛玲成功的敲門磚才是！

可是，西方書評卻多著墨於共產政權初建立下，中國農村的劇變，反倒對張愛玲最擅長的，最在意的，角色性格等藝術性，不太感興趣。

換言之，是著重《秧歌》的主題性，遠超過它的文學性。

張愛玲一下子掉入「反共的時代旋律」，而非重回她在上海時期，文學風潮上的旋風。這對她，應該感觸極深吧！

這衝擊，非同小可。因為張愛玲予人不擅長寫長篇小說，先是敗於《連環套》的瑣碎嘮叨，再來是貼上「反共文學」標籤的《秧歌》，這前後兩次印象，都讓張愛玲的長篇小說能力，以及要打入西方文學重鎮，再創張愛玲流行，受到挫折。

但《秧歌》在「反共」意義上成功，是濟急的活水，暫時挹注了阮囊羞澀的張愛玲。可是，也讓張愛玲，捲入一宗滿奇特的公案。

張愛玲在《秧歌》之後，不多久，再推出《赤地之戀》。在小說成就上，它遠不及《秧歌》，而且遠遠不及！

正因為《赤地之戀》很不理想，不少張迷好奇，為何張愛玲會寫出這部長篇？對照張愛玲自己說辭，以及其他的資料，大致可以確定，《赤地之戀》是「有關當局」「授意」下的「產品」。而非，張愛玲主動想寫的題材。

為什麼？理由也不難想像，還是為了生活！

當然，我相信也一定有張愛玲想再試試，能否以英文小說再次叩關的嘗試。

「有關當局」是美國新聞處。「授權」是指，主要框架都已設定好。說是「產品」，乃因，張愛玲只在框架範圍內，加工生產。

依照《張愛玲與賴雅》作者司馬新的記載，「美國新聞處委任張愛玲作為主要作家，還有別人協助寫成的，可是越幫越忙，使小說中部分內容幾乎下降到宣傳品的水準，恰如張愛玲想逃避的那種在大陸的應時文章，這對她生命的諷刺勢必使她感到悲哀。」

後來研究張愛玲旅美生涯的司馬新，筆下顯然同情張愛玲。

但張愛玲在當時，應是走投無路之下，不得不然的痛苦選擇吧！

26 胡蘭成之後，賴雅之前（三）

張愛玲為何要接下《赤地之戀》，違反她「只寫自己喜歡的題目」的原則呢？

答案只有一個。她不得不。

《秧歌》英文版，順利出版。口碑不差，但銷路平平。

翻譯收入勉強糊口，可是很不快樂。

她還接了電影劇本的工作，因此認識了今後她非常親密的夫妻友人宋淇與鄺文美。

但張愛玲在香港的日子，很不好過。

昔日上海的風采，她還眷戀，可是香港的生存壓力，以及對「張愛玲」這名號的陌生，讓她應該很受傷。

一九五三年，美國頒布了一項難民法令，允許少數學有專長的人士申請到美國，成為永久居民，以後再申請為美國公民。

張愛玲起心動念了。

要申請，必須有美國公民作保。

替她作保的，是領事館的文化專員Richard McCarthy，這人曾經負責分派翻譯工作給張愛玲，因而熟識。

一九五五年秋天，張愛玲離開香港，以難民身分，赴美。研究《張愛玲與賴雅》的司馬新，並未著墨太多張愛玲與美新處、領事館的關係。不過，合理推測，美方對張愛玲應該不至於陌生。透過翻譯作品的分派，透過《秧歌》的出版，甚至安排《赤地之戀》的寫作大綱給張愛玲，都顯見張愛玲在香港期間對美方的依賴。

司馬新的輕描淡寫，在宋淇的紀錄中，有了另一番描述：

宋淇一九五一年入香港美新處任職，當時文化部主任正是Richard McCarthy。他們聯手整頓譯書部，提高稿費，找到合適的書，便請名家翻譯，包括夏濟安、夏志清、徐誠斌主教、湯新楣等。

後來，華盛頓新聞總署拿到海明威的《老人與海》中文版權，美新處公開徵求翻譯人選，應徵者眾多，最後名單上赫然看到張愛玲。

約見時，張愛玲一口英國腔英文，說得很慢，很得體。決定交給她翻譯。談話中，得知張愛玲正在寫《秧歌》英文版，她帶了寫好的幾章，McCarthy讀了大為心折，催她早日完稿，並答應代為物色女經紀人，後來很快找到大出版商出版。

這段好友的記載，等於證實了張愛玲在香港的不順遂，為了生活，還主動應徵翻譯。她的《秧歌》英文版能出版，整個過程，美新處都扮演關鍵角色。

當時香港美新處，轄下有「今日世界社」、「今日世界出版社」。有趣的是，這兩個單位，辦公所在地，正是美國中情局在香港的同一棟大樓！不言可喻，這之間的關聯。

Richard McCarthy的幫忙，不僅是及時雨，更是從頭幫到尾。

《秧歌》中文版，也是在《今日世界》雜誌上連載後，再出單行本的。

若再考量，張愛玲以難民身分赴美，McCarthy擔任保人，更可以合理推測美新處在張愛玲旅港期間，是如何協助她，渡過困蹇的難關了。

雖然宋淇夫婦也諱莫如深，雖然張愛玲也欲言又止，雖然司馬新只是寥寥幾句帶過。但我們幾乎可以斷定，《赤地之戀》背後的推手，應該八九不離十了！

《赤地之戀》有多慘？

宋淇留了紀錄：

張愛玲自己很沒信心。書成後，她去求神問卜，得到一籤：「動華之後，降為輿台。安分守己，僅能免災。」

不妙，不妙！

果然，美國沒有出版社感興趣。最後是香港的出版社印了中英文版。英文版相當粗糙，乏人問津。

27 胡蘭成之後，賴雅之前（四）李麗華

皇冠出版社的《張愛玲全集》，全書的出版順序，宛如一部頗堪玩味的張愛玲作品考古學。

小說，散文，是主軸。

之後，才是《紅樓夢魘》、《海上花開》、《海上花落》。

再後幾本，是隨著張愛玲研究的興起，陸續被挖掘出來的劇本、譯作，散逸的文章。

電影劇本，最能看出張愛玲經濟的窘迫。

尤其旅港期間，以及赴美後，由於賴雅身體欠佳，阮囊羞澀，迫使張愛玲必須趕寫劇本，以應付生活壓力。

這些劇本，張愛玲很少談及。

陸續被翻出，還出版，於她，應該也沒那麼喜悅吧！

她數度在一些被挖出來的舊作，集結出版時，表露出「不得不然的」態度，只因為，你不出，別人照樣出！

那是一段盜版猖獗，甚至可以說狂妄的時代。張愛玲在《惘然記》自序裡便說：有人在圖書館

裡，舊期刊上找到她的舊作，擅自出書，稱為「古物出土」，就拿她當作北宋時期的人物一樣，著作權據為己有。反而對張愛玲自己把舊作收進書裡，迭有怨言，彷彿是「張愛玲侵犯了他的權利」！

其實，若就讀者、研究者的立場看，雖說作者多少會「悔其少作」（魯迅的話），對過往「為稻粱謀」而寫的作品，也不願多提，但至少經過他本人認證的舊作、匿名之作，仍有極大的參考價值。

也因為寫劇本，她在香港期間，與當時從大陸紅到港台的明星李麗華，有了接觸。

這本來也不算什麼大事。張愛玲不追星，對誰是李麗華，興致不高。而李麗華呢？想要讓自己的演藝事業攀上另一高峰，因而對邀請大作家寫劇本，反倒興趣高昂。

這兩方的興致高低不一，造成了兩人的會面，出現有趣的落差。居間安排的，是宋淇。他當時也在電影界從事電影劇本審查，是他介紹張愛玲寫劇本賺錢。李麗華透過宋淇，知道張愛玲人在香港。

李麗華當時組了自己的電影公司，要大展身手。她不但是大明星，看來，亦頗有識人用人的膽識。她再三請託宋淇當中間人，介紹張愛玲給她認識。

依宋淇的回憶，李麗華了解張愛玲孤僻，因此才希望宋淇牽線，表達邀請張愛玲寫劇本的誠意。

到底難搞的張愛玲約了多久呢？宋淇沒講。但他說「多費時間用文火燉、慢火熬，終於得到愛玲首肯，約定了一個日期。」

綜合幾方描述，當天的見面，只能說：一頭熱，一頭冷。

熱的是，李麗華。盛裝打扮，說話斯文（聽說李麗華為人豪爽，講話喜帶三字經。）而且，枯等了很久。

冷的，當然是張愛玲。遲到，很久。而且她深度近視眼，當天卻不戴眼鏡。等於瞇著一雙茫茫的眼睛，不打算看清楚對方。而且，坐沒多久，張愛玲便託辭離開了。連宋淇準備的茶點都沒吃，便走人了。

這場會面，當然沒結果。

就人情世故而言，張愛玲絕對很失禮。

但，這不就是張愛玲嗎？

她對自己不感興趣的人與事，好惡幾乎不隱藏。

她寫劇本，只為營生。她一心一意，用在小說上。

對關注她小說的人，她感念在心。對其他事物，她只在生存線上，在乎，應付。

她不太搭理李麗華。因為，她準備要以難民身分，去美國闖蕩了。她也許以為會更好，但其實，未必。

28

胡蘭成之後，賴雅之前（五）胡適

張愛玲到美國後，她的身分是，難民。

一九五五年，秋天。

她搭乘輪船，橫渡太平洋。在檀香山辦移民手續。於舊金山下船，登陸。轉搭火車進紐約。因為，她年輕時的好友，炎櫻，在那。

舉目無親，手頭窘迫。

張愛玲初到紐約，是住在一座「救世軍」為窮人辦的女子宿舍。可見她的落魄。

困蹇的張愛玲，在紐約，見了一位影響現代中國的大人物，胡適。

但，胡適在美國，境遇也不算太好。他成名的中國，已經是共產主義中國，即將要「清算胡適思想」。而敗逃台灣的國民黨政府，雖然向胡適招手，但胡適的自由主義立場，亦不見容於蔣介石，胡適還是很猶豫的。

但在美國呢？

他固然聲望崇高，可是要屈就哪所大學任教呢？

我們從唐德剛的《胡適雜憶》可知，胡適在當時的美國學界，處境尷尬，因為他名氣太大。高的位子，沒他分；低的位子，不敢找他。他只掛了一個普林斯頓大學「格斯德中文藏書部」（Gest Library）館長的閒差。不用上班，多數時間在家。

夏志清為《胡適雜憶》寫的序裡，引用唐德剛的話，「胡適之的確把哥大（哥倫比亞大學）看成北大，但是哥大並沒有把胡適看成胡適啊！」

夏志清自己在美國任教，很清楚問題出在哪。

美國著名學府，寧可聘請趙元任、李方桂這類語言學的專門人才，卻不敢請胡適、林語堂這樣的通才！

他們上下古今，縱論中外，傳統漢學家怎麼比得上！專治一家之學的專家，怎麼敢讓他們進來！

或許也是因為賦閒在家時間多，胡適有了比較多的時間讀小說。

《秧歌》甫出版，張愛玲從香港寄了一本給胡適。胡適不但讀了，還很認真圈點、筆記，讓張愛玲非常感動。

如今，我們在「皇冠版」的《秧歌》扉頁上，還能看到胡適親手寫的一頁評論。對《秧歌》評價很高。

張愛玲寫的〈憶胡適之〉，記載了三次與胡適的見面。

一次是，到了紐約不久，與她的好友炎櫻一塊去。

胡適夫婦熱誠款待，對炎櫻相當友善。

張愛玲回憶了年幼時讀《胡適文存》，他父親也是在胡適影響下，買了《海上花》，讓張愛玲有了初體驗。

這次見面，意外的是，炎櫻後來對張愛玲說她的朋友們（多數是外國人），對胡適博士不大有人知道，倒是林語堂知道的人多。

張愛玲感嘆，五四運動影響是對內的，外國人不熟悉很合理。

炎櫻的意外發現，張愛玲的感嘆，間接證實，胡適的尷尬。失去中國的舞台，華人的世界，他頓然像失根的蘭花。

相對的，林語堂販賣的仍是中華文化題材、中國歷史人物，但因為他是英文寫作暢銷書，在西方讀者裡反倒知名度高！

這段有意思的插曲，非常有隱喻性。

胡適最終回到台灣，擔任中央研究院院長，延續他在華人世界崇隆的影響力。

林語堂則始終是一位懂生活、談幽默的生活家，逍遙派，華人讀者反而要藉由英翻中，來認識他的著作。

而胡適在美國賦閒的孤獨歲月，似乎也為張愛玲後來的處境，預告了某些訊息。

但，一九五五年，秋天，這兩位都飄洋過海，從中國大陸飄零至紐約的孤獨客，他們還是藉由「小說」，相遇了。

29 胡蘭成之後，賴雅之前（六）胡適

胡適是大學者，五四新文學運動以後，他幾乎是中國現代化的代言人，自由主義的旗手。時代的烏鴉。國共都不喜歡他。

胡適自己說，哲學是他的職業，歷史是他的訓練，文學則為娛樂。但胡適的文學，主要還是明清小說的考證，藉以推廣他的科學方法，以及白話文主張。現代文學方面，胡適除了結交文友，寫過一些新詩外，其實接觸不深。

對張愛玲來說，創作小說是她的天賦與專業，做研究呢，則是她試圖在美國生存下來的嘗試。胡適與張愛玲，幾乎難有交集的。

但張愛玲跟她弟弟搶讀《胡適文存》，是她對胡適景仰之始。而她父親，竟也慕胡適大名，買回《海上花》，讓張愛玲翻出興趣。

張愛玲的記憶中，與胡適有三次見面。

兩次在胡適紐約的寓所。

第一次，張愛玲帶了炎櫻去，與胡適夫婦，四人愉快暢談。顯然是閒聊居多。但胡適講了關於

他，與張愛玲家族的關係。

《胡適日記》記下當天情景。

一九五五年十一月十日。

胡適記下：「Eileen Chang，張愛玲，author of《秧歌》。

知道她是張佩綸的孫女。

張佩綸曾經推薦先父去吳大澂那任職，這是先父官場生涯的開始。

後來張佩綸被貶謫，先父還曾寄信並附贈二百兩銀子。張佩綸曾記在他的日記裡。」

胡適是平易近人的學者。

一定有鼓勵張愛玲去看他。

張愛玲果真單獨去見他。但場面有些尷尬。

張愛玲不是一個健談型的人。想必，她想多談談小說吧！但胡適可是學問廣博，很會聊天的人。

張愛玲自己說：「跟適之先生談，我確是如對神明。」

她有一段很文學的比喻。「是像寫東西的時候停下來望著窗外一片空白的天，只想較近真實。」

這段話，頗費解。

從很多人的回憶錄來看，胡適絕非不能聊天之人。他也不會高高在上。他對晚輩尤其平易。

為何獨獨張愛玲在胡適面前，宛如面對神明？

須知，面對神明，除了虔誠，很難再有什麼輕鬆對話。

依張愛玲的追憶，他們是在聊起中國大陸的淪陷，這話題上，話不投機了。

胡適認為是純軍事的失敗。張愛玲卻認為三〇年代起，就感覺左派的壓力。很明顯她不同意胡適。

胡適很快換了話題。

但胡適建議她，可以到哥大圖書館借書，那裡藏書多。而張愛玲只經常到市立圖書館借書，從未去過哥大。

我猜，她的表達方式，一定讓胡適感覺她沒需要去，亦不太想去。

於是，胡適跟她之間，在這話題上，又觸礁了。

胡適的日記裡，沒記載這次會面。

但張愛玲說，胡適後來又去她住的地方看她。顯然仍是諄諄長者的關切。

張愛玲與大學者胡適的淵源，起自於小說。但小說之外，胡適的關切話題，似乎都不是張愛玲感興趣的。

偏偏張愛玲不善交朋友，連胡適這樣和藹可親的長者，都屢屢談話觸地雷！

我們可以想見，後來張愛玲想在美國大學任教謀職，起初雖有機會，但最終總是搞到不歡而散！她不善與人溝通，尤其是面對面的。這幾乎，是她的人生障礙。可是，就因為她是張愛玲啊！

30

胡蘭成之後，賴雅之前（七）胡適

儘管張愛玲與胡適的見面，總是賓主都感覺有點不投機。但胡適仍然是很照顧晚輩的。

他曾在感恩節，邀請張愛玲一塊出去吃飯。怕她孤單。

但剛巧，張愛玲當天吃壞肚子。

又一次，胡適到她的宿舍去看她。

這是他們最後一次見面。

他們倆，從室內聊到戶外。

聊什麼？胡適日記沒提，張愛玲追憶文也沒講。

但張愛玲倒是在冷風中，望著胡適，寫下了非常有文學深度的一段畫面，一段史詩式的文字。

「適之先生望著街口露出的一角空濛的灰色河面，河上有霧，不知道怎麼笑眯眯的老是望著，看怔住了。他圍巾裹得嚴嚴的，脖子縮在半舊的黑大衣裡，厚實的肩背，頭臉相當大，整個凝成一座古銅半身像。我忽然一陣凜然，想著：原來是真像人家說的那樣。而我向來相信凡是偶像都有『黏土腳』，否則就站不住，不可信。」

「我也跟著向河上望過去微笑，可是彷彿有一陣悲風，隔著十萬八千里從時代的深處吹出來，吹得眼睛都睜不開。那是我最後一次看見適之先生。」

國破，山河在，是悲。

國破，山河不在，而眺望的卻是異國的山河，是悽愴是悲涼。

張愛玲的文字功力，此時依舊在。

之後，胡適動向仍是華人世界的焦點。台灣的蔣介石政權持續在爭取他。一九五八年，他回台灣了。後來接任中央研究院院長。死於台灣。

張愛玲呢？

則展開她努力嘗試，要在美國重新開始的新生活。

她與胡適，未再相見。

但胡適後來仍舊幫了她一個忙。

一九五八年，張愛玲申請南加州「亭亭頓．哈特福基金會」，駐點半年。靠的就是胡適幫她作保，才成功前往的。但那也僅是透過書信往返達成的。

這次書信往返，胡適還做了一件讓張愛玲感動萬分的事。

他把張愛玲寄給他，他又詳讀過的《秧歌》，寄還給張愛玲。

整本書，通篇圈點過，又在扉頁上題字，張愛玲「看了實在震動，感激得說不出話來，寫都無法寫。」

胡適的認真對待張愛玲，確實令人感佩。

他應該是惜才。也應該是替他父親，曾受恩於張愛玲祖父的提攜，而替他回報張家的後人張愛玲。

這一段故事，在整個張愛玲的人生裡，篇幅很小。

在胡適的璀璨生涯裡，亦應該微不足道。

但給我的啟發卻是：人生總有那麼一些誠懇的擦肩而過的交往吧！

張愛玲的祖父，一定沒想過，他當年提攜一位年輕小官吏，竟然在他孫女身上得到回報。

張愛玲恨透了她父親，卻沒料到，他父親買回的《胡適文存》，讓她啟蒙，讓她接觸了《海上花》。

這些都像不怎麼巨大的事，卻如漣漪一般，輕輕盪漾，到未來。

張愛玲在胡適過世後，突然驚醒到，胡適真的走了。

她後來，想從事的翻譯《海上花》的工作，怎麼就從來沒想到在胡適生前，向他請教呢？

想到這，張愛玲她眼睛發熱，但落不下眼淚。她以她的風格，祭悼了胡適。

一九六二年胡適過世的那一年，張愛玲的日子，仍舊不好過。

距離她嫁給賴雅，已差不多六年左右了。但日子不好過。

是的，我們該談談張愛玲的，第二個「壞」丈夫了。他是賴雅。

31 張愛玲嫁了兩個壞丈夫・賴雅（一）

張愛玲第二次婚姻，嫁給賴雅，嫁給一位大她二十九歲的，經濟狀況並不好的美國劇作家賴雅，到底所為何來？

是真愛？是別有用心？

構成了「張愛玲傳奇」赴美之後，令人好奇的新篇。

賴雅，非等閒之輩。即使，到了他結識張愛玲的時刻，他已經走到人生的大下坡。而且，毫無轉圜餘地。

但，他出身不錯家庭，年少得意，念的是賓州、哈佛名校。多才多藝，口才一流，閱歷豐富。不甘於在學院內做個雅士。

他當過記者。他到歐洲報導第一次世界大戰。當自由撰稿人。他有過一次婚姻，前妻麗蓓卡・奥威治，是一位非常有想法的女性，涉足女權運動、和平運動。由此，亦可推測，賴雅是個言行一致的男人，他自己興趣廣泛，自由性格，娶妻子亦看重對方與自己相近的氣質。（這可以解釋他愛上張愛玲的原因。）

他與開創二十世紀現代劇場運動的布來希特，交情匪淺，不僅協助他逃離納粹陰影，甚至扮演布來希特在美發展的大功臣。

他結交的藝文好友，更包括辛克萊・劉易士等等諾貝爾文學獎級的文學家，且非泛泛之交。他們對賴雅，也是另眼相看，大加按讚。

他還在好萊塢擔任編劇長達十二年之久。相當風光、得意。

他的確像是一個百科全書式的通才，是一個才子。

但認識張愛玲的時候，他真的已經走下坡了。

某種程度上，他會去一個不收費用，管吃管住的文藝營，已經充分說明，他的狀況，不好。

張愛玲、賴雅，兩個人生根本搭不上關聯的男女，他們在麥道偉文藝營，遇上了。

不早一些，不晚一些。

一九五六年初春。張愛玲到紐約不久後。

麥道偉文藝營提供創作者，無拘無束的創作時間與空間，一切免費。

賴雅，會去，因為提供免費食宿。

張愛玲，會去，也因為考量到免費食宿。

兩人基於同樣的理由去，卻在文藝營內，相互激發好感，進而結為夫婦。絕對不是他們本來的初衷。

他們在文藝營內，很快有了親密關係。

賴雅的博學多聞，寬厚性格，應該吸引了張愛玲。

張愛玲的東方女性特質，小說家的風采，也讓賴雅印象深刻。

雙方互有好感，這點絕對肯定。

推波助瀾張愛玲入文學史有功的夏志清，是從很功利的角度，判斷張愛玲愛上賴雅，是在找一條出路。但張愛玲被騙了，賴雅沒有據實以告他自己的景況。夏志清這樣評斷。

不能完全說不對，但單一線索的分析，往往不足以解釋事情的全貌。這是張愛玲自己寫小說的態度。所以她才說自己寫的多半是「不徹底的人物」。

張愛玲既然來到美國，而且是以難民身分，口袋深度亦不足。如果能遇到不錯的男人，嫁給他，不失為一種理性的選擇。

然而，張愛玲真的被騙嗎？

她自己是怎樣的情況下，選擇進麥道偉文藝營的？她會天真以為，其他藝術家，就會不一樣嗎？

她與賴雅相處的期間，無話不談，進而上床，有了親密關係，她會不大致了解賴雅的情況嗎？

如果是，那為何她送別賴雅離開文藝營之際，還在自己羞澀的口袋裡，拿出一些現金，贈與賴雅呢？

她，不會不知道他沒錢的。

她，就是要往賴雅身上跳，而已。

32 張愛玲嫁了兩個壞丈夫・賴雅（二）懷孕？

夏志清用「張愛玲嫁了兩個壞丈夫」，評斷張愛玲一生的感情際遇，那「壞」字，是指影響，耽誤了張愛玲的寫作。

如果改成「那兩個男人壞了張愛玲的寫作事業」，也許更精準些。

夏志清認為，第一任丈夫，胡蘭成「傷了她的心」。第二任丈夫，賴雅「婚前剝奪了她做母親的樂趣和權利」。

評斷胡蘭成讓張愛玲「傷心」，這點沒問題。

評斷賴雅「剝奪」張愛玲做母親的「樂趣與權利」，則不通。

夏志清懂張愛玲的小說成就，但他不太懂張愛玲複雜曲折的女人心。

「張愛玲傳奇」裡，到底張愛玲有沒有懷孕？這件事，在研究張愛玲旅美生涯，晚年情景，非常有權威性的著作《張愛玲與賴雅》一書裡，作者司馬新採取的，是開放性的分析法。因而造成後來許多無謂的猜測。包括，張愛玲是不是「假懷孕真騙婚」？

推測張愛玲「假懷孕」，主要理由是，這事一直都是張愛玲單方面的說辭。

一九五六年七月五日，賴雅收到張愛玲信，說她懷孕了。

賴雅沒有逃避。回信跟張愛玲求婚。邀她前來一聚。

在面對面用餐時，賴雅再度求婚，但表明不要小孩。

他還建議張愛玲去紐約一家醫院，再做檢查，並通知他結果。

你可以說賴雅關心，但也可以猜測他想確定。不要罵我是男人豬。

這應該都是一位單身許久，原本並不想再婚的男人，很正常的反應吧！但他有對張愛玲保證，做人工流產時，他會陪伴在一旁。

他們兩人共度一夜，聊了未來各自要進行的文學計畫，以及合作的可能。你也可以說，談他們共同熟悉的文學計畫，這是兩人為了化解「拿掉孩子」這個關卡上的尷尬，彼此嘗試的心靈擁抱，生命承諾。

隔天，張愛玲離去前，還拿了三百美元支票給賴雅。

這些細節，司馬新寫得很通透。

但偏偏有無懷孕這事，他卻說由於賴雅在這一年七月中旬到十月下旬的日記，不見了。因而無法得到證實。

司馬新顯然是在沒有把握的前提下，乾脆把張愛玲懷孕的事，分析成三點：

一、編造懷孕，迫使賴雅結婚。

二、不幸流產了。

三、在紐約人工流產。

司馬新自己否決了假懷孕的推測，他認為與張愛玲的為人風格太不符合。

因此推測流產，不管是不幸流產還是人工流產，可能性最大。

這個謎團，最終要張愛玲自己來解。

她在一九七六年完成《小團圓》時，其實就交代了「懷孕」的細節。

而《張愛玲與賴雅》是一九九六年，張愛玲過世後出版的，沒理由不知道張愛玲的親自作證。

關鍵就在《小團圓》完稿後，最早的兩位重要讀者宋淇夫婦，對書裡關於胡蘭成那些段落甚為憂心。也認為打胎的事，讀者很難identify張愛玲，因而勸她修改。

沒想到，張愛玲回信上很感謝，卻收回出書的念頭，一擱，就擱到她過世，擱到二〇〇九年才出版。但司馬新也沒到那麼晚才知道真相。

張愛玲過世後，一九九七年司馬新終於跟炎櫻聯絡上，這位張愛玲多年的朋友，證實了張愛玲當年確曾懷孕過！

《小團圓》裡，張愛玲這樣寫著：

都已經四個月了。

「生個小盛也好，」起初汝狄說，也有點遲疑。

九莉笑道：「我不要。在最好的情形下也不想要——又有錢，又有可靠的人帶。」

門鈴響。替她打胎的人，到了。

33

張愛玲嫁了兩個壞丈夫・賴雅（三）墮胎！

張愛玲雖然孤僻，特立獨行。但她洗澡的習慣，應該也跟一般人差不多吧！

不然，她不會說，「那天破例下午洗澡。」

那是她要打胎拿掉孩子的一個紐約的下午。

她在等打胎的人來，「先洗個澡，正如有些西方主婦在女傭來上工之前先忙著打掃一番。」

張愛玲這動作，其實反應了她內心的某種焦慮。有點下意識的反應。

為何呢？

她都懷胎四個月了。遲遲沒處理。好不容易找到願意替她打胎的人。須知，那是一九五六年，墮胎還沒合法化。她等於要違法墮胎，還冒著「萬一出差錯」的風險。怎可能不焦慮呢？

洗澡，泡澡，也是下意識的安撫自己。

「懷孕期間乳房較飽滿，在浴缸裏一躺下來也還是平了下來。就像已經是個蒼白失血的女屍，在水中載沉載浮。」

「女人總是要把命拼上去的。」

最後這一句，饒富意含。

張愛玲拚著危險也要拿掉孩子，為何呢？

她要拚自己人生的新戰場。

她還要再創自己小說生涯的新顛峰。

應該是這樣的。

何況，她真的不愛小孩。

她親身經歷過，在沒有父母之愛的環境下長大的辛苦。

她很有把握，自己不是那種可以為孩子犧牲一切的女人。

她像她母親，一走了之，追求自我。

她像她姑姑，決然單身，不喜牽掛。

後人都根據《張愛玲與賴雅》一書，相信賴雅要婚姻不要孩子。

但依張愛玲自己的說法，「要不要留下孩子？」賴雅略有遲疑，反倒是張愛玲很果決。不要。不要。不要。

即便「在最好的情形下也不想要——又有錢，又有可靠的人帶。」

言下之意，很清楚。

懷孩子的時期，他們倆又沒錢，又沒有人可以托嬰可以育嬰。（滿像現在的年輕夫妻！）怎麼養？

「又有可靠的人帶」這一句，透顯了張愛玲是絕不願意，犧牲於做母親的角色的。就算有人可帶嬰兒，她也不要生。何況，根本不可能有人帶。

《小團圓》也證實了，賴雅確實在人工流產時，陪伴於張愛玲身邊。只是當打胎的人依約來時，賴雅出去了。

可是，他並沒真的出去。他在樓梯口，等。

事情結束後，他隨即回來，還帶著一把從住處帶出去劈柴的斧頭。他對詫異的張愛玲解釋，萬一出什麼事，危害到張愛玲，他會劈了那人！

張愛玲沒說什麼。但她記下了這對話，還是有感吧！她也不相見恨晚。「他老了，但是早幾年未見得會喜歡她，更不會長久。」

張愛玲的打胎，用的是「藥線」。處理過後，再等藥效發作。一等，等了幾個鐘頭。

這之間，賴雅跑出去找晚餐。回來時，帶了一隻烤雞。張愛玲已經感覺肚子內翻江攪海的痛了。賴雅還問她吃不吃?!張愛玲毫無胃口。但賴雅卻吃得津津有味。讓張愛玲很不是滋味。可是張愛玲仍不失某種冷幽默的自嘲，她心想難不成要賴雅握著她的手嗎？

孩子，還是被打下來了。

夜裡，張愛玲看著馬桶內，十吋長的男胎，「畢直的欹立在白磁壁上與水中，肌肉上抹上一層淡淡的血水，成為新刨的木頭的淡橙色。凹處凝聚的鮮血勾劃出它的輪廓來，線條分明，一雙環眼大得不合比例，雙睛突出，抿著翅膀，是從前站在門頭上的木彫的鳥。」

恐怖嗎？當然。

「恐怖到極點的一剎那間，她扳動機鈕，以為沖不下去，竟在波濤洶湧中消失了。」

這段，望著被墮掉的四個月大男嬰，立在馬桶內的畫面，觸目驚心。

張愛玲直到寫《小團圓》總結她的一生時，仍記上了這一筆。

這是跟賴雅的，很少的一段回憶。而且連結著打胎。

炎櫻追問她，打掉了嗎？

張愛玲把始末告訴她，炎櫻還不太相信，疑心是不是想像出來的。

但，張愛玲自己說了，打這個胎，花了四百美元。

這可是一筆不小的金額，在一九五六年。

34 張愛玲傳奇。本質上她是隨時抽離的人

「畢直的欹立在白磁壁上與水中，肌肉上抹上一層淡淡的血水，成為新刨的木頭的淡橙色。凹處凝聚的鮮血勾劃出它的輪廓來，線條分明，一雙環眼大得不合比例，雙睛突出，抿著翅膀，是從前站在門頭上的木彫的鳥。」

這是張愛玲《小團圓》裡，打胎後，望著馬桶裡四個月大死胎時，充滿冷靜觀察與驚悚聯想的記載。

這是很不容易解讀的一段文字，因為涉及了張愛玲很不容易理解的一段人生態度。

拿掉一個四月大男胎，完全不見張愛玲的「哀戚」！她反而能冷靜的注視「他」。筆意之間，沒有一絲絲「母親」的不捨！

若再對照她打胎前泡澡那一幕，更可見，她的焦慮，不在要「告別」孩子，而在擔心拿得掉嗎？

終其後半生，幾乎也沒有證據顯示，張愛玲「可惜過」這唯一的懷胎打胎的歷程。

要理解「張愛玲傳奇」，不能不從這些「異於常人」的態度，去理解，才有辦法真正「解碼張

愛玲」！

記得嗎？張愛玲是在與胡蘭成躺在沙發上，相擁的時刻裡，她的意識突然抽離現場，轉望房門，看到木彫的鳥，然後畫面立刻跳接十幾年後，紐約的墮胎場景。

我們不妨，再回味一下。

「他們在沙發上擁抱著，門框上站著一隻木彫的鳥。對掩著的黃褐色雙扉與牆平齊，上面又沒有門楣之類，怎麼有空地可以站一隻尺來高的鳥？但是她背對著門也知道它是立體的，不是平面的畫在牆上的。彫刻得非常原始，也沒加油漆，是遠祖祀奉的偶像？它在看著她。她隨時可以站起來走開。」

隨即，畫面是紐約，打胎的下午，張愛玲先泡了個澡，在等打胎的人。

這鳥，是張愛玲意識裡，幻化出來的鳥。

胡蘭成跟她求婚不成。尷尬說，不再提了。

張愛玲擁著他，本該是男女肌膚之親的喜樂，張愛玲卻抽離出來，看到一隻木彫的，遠祖時代的鳥，宛如圖騰般，注視她。她當下即知，她是隨時可以抽離的人。

她是可以隨時抽離的人。十幾年後，她又抽離了一次。這次，是從懷胎四個月裡，抽離出來。

《小團圓》是張愛玲後來的人生總結。

小說體裁，實則影射她自己的一生。

在她生前，書稿早已完成，卻在宋淇夫婦的顧慮下，她託辭要再修改，但直到身後，直到二〇〇九年才出版。

如果依照宋淇夫婦與張愛玲往返的信件看，宋淇夫婦擔心的段落，在我們現在看到的版本，則幾乎沒有更動痕跡。

因而，我們可以推論，張愛玲是要讓《小團圓》成為一本追索她生命軌跡的地圖。當然不是鉅細靡遺的地圖，但至少是她精心策劃，決心要給後人看的一幅「張愛玲地圖」。

但張愛玲畢竟是自小讀過《孽海花》的人。她知道虛虛實實之間，難免。這「難免」有作者的刻意，也可能有作者的不自覺。

我不確定，張愛玲在《小團圓》中故布了多少疑陣。不過，從她的文本來看，她顯然要後世讀者，知道她的心意。

在「刻意」之下，「與賴雅在一起」這一段人生際遇，沒有太大的意義。雖然，張愛玲晚年，接受賴雅傳記的作者訪問時流露一些感情。雖然，她在與宋淇夫婦通信時，表達一些生活細節的依賴。但《小團圓》裡，賴雅比重，微不足道。

在「不自覺」之下，張愛玲以小說家的筆法，談及與胡蘭成的告別，與四月死胎的告別，又是何其的「冷淡」而「自我」！

這是，張愛玲本質。

這是，張愛玲傳奇的本質。

本質上，她只愛自己。

35

張愛玲到底愛不愛賴雅呢?!

依我們後來所能看到的披露的文獻，張愛玲與賴雅的婚後生活，小有一般夫妻幸福的樣態，但時間很短。

一方面，賴雅在張愛玲墮胎後，隨即中風（並非第一次，他之前已經中風過）。稍稍復原後，年底前，又復發一次。

經濟拮据，健康不佳。

張愛玲必須扛起照顧兩個人的責任。

拿掉孩子的隔年，一九五七年，張愛玲賣了《秧歌》的版權給哥倫比亞廣播公司，拿到近一千五百美元的版稅與翻譯費。

賴雅與張愛玲在麥道偉文藝營相識相愛結婚，對營隊來講是喜事是大事，何況還聽說張愛玲的小說要改編電視劇。這可是文藝營的大事啊！

播出當晚，整個營區都等在電視機前。

但結果是，張愛玲與賴雅非常困窘。因為劇本一塌糊塗。

賴雅中風恢復後，有好幾個月的時光，他們夫婦像一般小家庭似的過日子。張愛玲在趕寫英文小說。賴雅負責家務。讀書之外，便是在小鎮電影院消磨時光。

為了生活，張愛玲接下遠從香港宋淇那，送來的電影劇本撰寫工作，每部作品可以拿到八百到一千美元報酬。兩人是靠著張愛玲的版稅、劇本費，維持生活的。

一九五八年，夫妻攤牌了一次。

賴雅老了，身體差了，喜歡鄉間小鎮的悠閒。

張愛玲熱愛在城市的喧擾中保持自己的孤獨。

賴雅讓步。他應該也沒什麼不讓步的權力。畢竟他要依靠張愛玲，遠甚於張愛玲依賴他！

就是這一年，靠胡適的推薦作保，張愛玲拿到「亨亭頓．哈特福基金會」的贊助。她們前往加州。

前一年，張愛玲母親於歐洲過世。留下遺產一口箱子給她。往後數年，箱子裡的古董，補貼了張愛玲與賴雅往後幾年的經濟來源。他們不時變賣一件件古董，度過難關。

很多嗎？應該不多。

因為張愛玲母親在歐洲，後來也是靠變賣古董度日的。能留給她的，不會多。

但很少嗎？也不至於。

從後來莊信正與她往返的信件來看，她不時拿出一些善本書，或古玩，送人拉攏關係，可見數量還是不少的。

賴雅與他的朋友，都很驚訝，張愛玲常常可以把古董，議價賣到比一般預期更高的價錢，而且還頗為得意。

放在「張愛玲傳奇」的傳奇性上看，也許很難讓張迷理解，張愛玲有這麼精明嗎？

但若放在張愛玲一生的成長脈絡解讀，答案就不會那麼費解了。

她可是上海人啊！

有上海人一般的靈通與精明。

她可是張愛玲啊！

有時大方，有時精算。

但，這又不能太過度推論。因為，她若夠精明，按理講，她不致於屢屢在人際關係上吃虧，搞得日後的工作，屢屢鎩羽而歸。

在與宋淇夫婦的通信裡，張愛玲提到賴雅不多。

結婚。她提過。

婚後，賴雅會做點簡便的漢堡，不錯吃。她提過。

其餘的，便不多了。

到底她愛不愛賴雅呢？

我們先看看她怎麼給最好的朋友宋淇夫婦談賴雅：「我和Ferdinand Reyher（費迪南・賴雅）結婚。Ferd是我在麥道偉文藝營遇見的一位作家。……Ferd離過一次婚，有一個女兒已經結婚了。他以前在歐洲做國外通訊記者，後來在好萊塢混了許多年doctoring scripts（修改劇本），但近年來窮途潦倒，和我一樣身無分文，而年紀比我大得多，似乎比我更沒有前途。……這婚姻說不上明智，卻充滿熱情。詳情以後再告訴你，總之我很快樂和滿意。以後手邊如有照片和他的小說，也會寄來給你。」

張愛玲知道賴雅窮困潦倒。

張愛玲知道自己前途茫茫，但她選的老男人更慘。

張愛玲知道這婚姻不明智。

她到底愛不愛賴雅呢？

36 張愛玲，為何可以那麼冷靜的分析老公賴雅？（一）

張愛玲到底多愛賴雅？

這是個謎。

一九七一年研究布萊希特與賴雅一段友情的德國學者James K. Lyon，好不容易知悉張愛玲是賴雅的第二任妻子，他寫信給獨居的張愛玲，希望能與她見面。

張愛玲回信，爽快答應了，還給了電話號碼。

一九七一年二月二日早晨，他到了柏克萊，打了電話，無人接聽。他再驅車去張愛玲住處，按門鈴，依舊無人應門。

由於張愛玲是知道Lyon教授要去找她的，且給了時間與電話，因此任何人處在這種情況下，最合理的反應，便是對方可能臨時有事出門了，但既然有約在先，那理應不會走太遠走太久，對吧？

因而，Lyon把車停在張愛玲住處的大門口旁，等在那。那是唯一出入口，張愛玲若進出，他不會沒看見。

但一等，幾小時。期間，他還去附近隨便買了午餐充飢。回來後，再去按門鈴，依然無人。又過了兩個多鐘頭，他再按鈴，仍舊無人。

他只好留一張便條，託公寓管理員轉交。

這一問，倒問出轉機。管理員告訴他，張愛玲在柏克萊市中心加州大學的某機構服務，建議他不妨去那看看，張愛玲常常會工作到很晚。

還好Lyon沒放棄。因為他隔天一早要飛回波士頓。他大概想反正都來了，不試白不試吧，他找到張愛玲上班的地方，一看是「加大中國研究協會」，應該沒錯。他去敲門，沒人應聲。

他等在大廳，不多久，見到一位女士抱著書，從樓上下來，往剛才他敲門的辦公室走。他上前直接問，是否為張愛玲？

對方嚇一跳。等Lyon表明身分。她才面露和善，承認自己就是張愛玲。

邀進辦公室後，再閒聊一會。

Lyon終於獲得專訪一個多小時的機會。

是不是很難搞？這位張愛玲。

張愛玲的英文，「無論是文法、用詞遣字或是句型結構，都可以用完美來形容，僅聽得出些微的口音。此外，她使用英文成語之流利也令人刮目相看。」

這給Lyon留下很深的印象。

張愛玲對關於賴雅與布萊希特之間關係的提問，也給了「豐富的訊息且講得清晰明白」。

Lyon證實，張愛玲提供的生活細節，與他事前研究獲得的資訊，也都符合。

由於Lyon知道賴雅晚年身體狀況很差，在在需要人照料。因此，他很驚訝，張愛玲能「敞開心懷毫不忌憚地與人談論他。言詞中，她對這個在生命將盡處拖累她寫作事業的男人，絲毫不見怨懟或憤恨之情。」

相反的，張愛玲「以公允的態度稱許她先生的才能，說明他的弱點所在，並評估布萊希特與他之間的友情。」

張愛玲認為，賴雅這個人「之所以迷人（甚至是太過迷人），在於他是一個聰明過人的寫作者（太過聰明以至於變得世故圓滑）。」

於是，賴雅「缺乏一種固執，一種撐過冗長、嚴肅計畫的忍耐力。」

由於張愛玲是用「勇氣和毅力」（gumption and grip）兩個一般外國人很少用的詞彙，形容賴雅所欠缺的特質。因而，讓Lyon更為驚歎張愛玲的英文與學識涵養。

張愛玲其實還評論了賴雅在好萊塢十幾年劇作家生涯的致命缺點。「作為一名好萊塢的編劇，他知道該要什麼公式、用哪些竅門；而正是這些把戲破壞了他成為一個嚴肅作家的資質。」

※Lyon訪問張愛玲的全文，我是參照出版家葉美瑤的翻譯。

37 張愛玲，為何可以那麼冷靜的分析老公賴雅？(二)

張愛玲在自傳式的《小團圓》裡，賴雅比重放很小。

在她與友人往返書信裡，觸及賴雅亦不多。

因而，德國學者James K. Lyon的訪問，意外成為我們穿透張愛玲孤僻的屏障，進而理解她與賴雅關係的一扇窗口。

張愛玲是小說家。而且是非常具有文字穿透力的小說家。

她在受訪中，流露出的賴雅，並不只是她的丈夫，更像她觀察的一個對象。冷靜，而犀利的觀察對象。

她看穿了賴雅不具備一位嚴肅作家的特質。缺少了固執，忍耐冗長，枯燥寫作期的能耐。

這些觀察，都很對。

但不知賴雅在世時，她有無跟賴雅這樣深談過？

格外有意思的是，她批評了賴雅在好萊塢長期劇作家生涯，公式化劇本創作模式，對嚴肅寫作的傷害。

只可惜，也許Lyon真是對張愛玲不熟，也未充分做好功課，不知道張愛玲其實有滿長一段時間，也是靠寫劇本維生的，否則他應該追問：那，請問對妳自己的寫作有傷害嗎？

也許，我們也可以從下意識的角度，反推張愛玲或許正是心有所感，才會借題（借賴雅），來發抒自己的感嘆吧！

也許，張愛玲就是要傳達：好萊塢劇本的公式化，摧毀了賴雅。但，並沒有毀掉張愛玲的企圖心。

賴雅過世前，已經不是美國文壇或戲劇界什麼大咖了（也許終其一生都不是吧？）。但他與布萊希特的一段友誼，始終為人所津津樂道。

畢竟，現代戲劇大師布萊希特未發跡前，在美國是靠賴雅大力介紹的。且布萊希特有些劇本，理應經過賴雅的建議與修改。

簡單講，說布來希特在美國的知名度，靠賴雅撐起半邊天，並不為過。

但布萊希特翻身後，或者是忘了老友，或者是人紅事多，無暇顧及老友感受，反正就是讓賴雅非常受傷就對了。

賴雅為人海派大方。不僅有「千金散盡還復來」的氣魄，對他人尋求的創作上的協助，亦來者不拒。他常常花費大量時間，替人改稿，毫不在意這種友情上的資助。

但布萊希特讓他受傷這事，一則有布氏成名後沒把他當兄弟看待的冷落感，二則是，他協助布萊希特合作美國版的《伽利略傳》，顯然他給了不少意見，甚至還動筆寫了部分劇本，但定稿後，賴雅的部分消失了！賴雅很傷心。

既然是夫妻，賴雅一定曾對張愛玲訴說過自己的感受。

因而，當Lyon問起後，張愛玲不但把賴雅與布萊希特的失和，時間點推到一九五〇年前後，賴雅去柏林會晤老友的失落感，更對賴雅何以對布萊希特的「反應」如此強烈，感覺不解！因為，她認為賴雅的強烈反應，太不符合他一貫的對朋友大方，又不求回報的慷慨性格！（很明顯，張愛玲暗示了她自己不會這麼反應。）

雖然張愛玲看到了賴雅在布萊希特事件上的「矛盾」，不過她依舊很欣賞賴雅並未因此而摒棄對朋友才氣的讚賞。賴雅建議她，一定要看布萊希特編寫的劇作《四川賢婦》。

我在讀Lyon這篇訪問稿時，腦海中一直在盤旋：張愛玲接受訪問時，到底要傳達什麼？她欣賞賴雅？還是，她藉由談論賴雅，也談了更多她自己呢？

我們應該注意的是，她觀察賴雅，描述賴雅，非常有小說家的冷冽與客觀。

讓我們不能不想起胡蘭成的觀察：「她從來不悲天憫人，不同情誰，慈悲布施她全無，她的世界裡是沒有一個誇張的，亦沒有一個委屈的。」

這就是張愛玲。

你還真要佩服，胡蘭成看她看得透！難怪，張愛玲愛胡蘭成還是多很多！

38

張愛玲眼裡，包括賴雅，都是咎由自取的人啊！

「張愛玲種種使我不習慣。」

胡蘭成當年這麼寫著。

毫無疑問，胡蘭成的女人，大多崇拜他，愛他，配合他。

張愛玲不能說沒有愛胡蘭成、崇拜胡蘭成的時候，否則，她也不至於最後要傷心。但張愛玲終歸是張愛玲。她有她非常冷，非常靜的一面。難怪胡蘭成看出來，她的世界裡沒有一個是誇張的，亦沒有一個是委屈的。

簡單講，不都是「咎由自取」嗎？

分析旁人，觀察他人，咎由自取，是一種冷靜。

但觀察自己枕邊人，分析他，評斷他，「沒有一個是誇張的，沒有一個是委屈的」，換成是你，看到自己的枕邊人這樣評斷你分析你，你不寒毛直豎，渾身打顫嗎？

我讀James K. Lyon的訪問記，看張愛玲在賴雅過世後，那麼冷靜的「剖析」他，我還真是有點膽戰呢！

張愛玲一定知道賴雅的性格爽朗，對朋友好。她點出了「賴雅需要友誼以及堅持對朋友忠誠的一面，朋友對他而言甚至比家人更重要。」張愛玲是怎麼表達這句呢？「他對人際關係的渴求簡直到了太過分的程度。」

張愛玲的某種冷，某種靜，在於她有著一種上海人的「世故」。

非常明顯，明顯到我反而認為張愛玲「有些過分」的是，在她來看，賴雅根本不該對布萊希特的冷淡感覺受傷，因為是你賴雅對人際關係太依賴了！你若不依賴，就不會想太多，不會受傷。張愛玲，夠「冷」吧！

張愛玲也很不諒解，何以賴雅要對布萊希特刪掉自己的劇本建議，那麼忿怒傷心！她對採訪者說：「他從事好萊塢劇本寫作多年，在這個圈子裡，東西被別人改寫或改動是家常便飯。」

張愛玲自己也為香港電影界寫劇本，她當然不會不了解迎合市場需要，更動劇本的生態。但張愛玲自己就那麼坦然接受嗎？

賴雅的反應強烈，又何嘗只是因為劇本被刪？難道不因為是他把布萊希特當兄弟，而對方並未投桃報李，所以感到被背叛、被丟棄的傷心嗎？

張愛玲是他的妻子，卻在他過世數年後，在這件事情上「數落」老公，你不覺得她未免太冷酷了吧？

張愛玲，「靜」得太有距離感。

賴雅是個好動的人。好奇心強，學習力高，基本是個聰明伶俐的男人。

張愛玲認識他的時候，賴雅已經是走下坡的人了，無論身體健康，無論創作能力。但他仍舊興致勃勃，帶領張愛玲看她還不熟悉的美國。

《張愛玲與賴雅》一書透露，張愛玲是靠著賴雅當嚮導，做陪伴，跑了不少地方。

但數年後，訪問者得到的印象卻是，張愛玲「她略帶批判地指出，賴雅耗費太多時間在紐約街頭和其他地方閒逛，但誇讚他有擔任導遊的天賦。」

我也無法判斷，張愛玲在外人面前，說賴雅有導遊的天賦，到底是褒，是貶？

但張愛玲承認，跟賴雅住在紐約時，「那城市彷彿是我的，街巷也因此變成活生生的。」

賴雅的生命力，確實，要比張愛玲「活躍」。

張愛玲也在這次訪問中，表露了她對賴雅，對布萊希特，他們左翼思想的天真，甚至，傾向頑固，流露不以為然的批評。

「他們與大多數四〇年代的美國編劇們認同的是左翼思想，任何批評共產主義的言論他們都拒而不聽，無論是史達林的恐怖整肅抑或是共產主義下的中國。她推薦他（賴雅）讀一些有關中國的資料，他卻因為怕是負面的而予以婉拒。」

賴雅，他天真，浪漫，好動，單純，渴望友情，對左翼充滿理想色彩。

相對呢？

張愛玲既然可以那麼冷靜地分析賴雅，且頗不以為然。
那，張愛玲是怎樣的人？難道不能反推嗎？

39

Eileen Reyher或Eileen Chang，如何解密張愛玲？

張愛玲有著很奇特的人格特質。

有時，她自我得很，自我到不懂人情世故。

有時，又退到很裡面，彷彿無所謂、不在乎。

我一直認為，James K. Lyon的訪問，是解碼張愛玲的一把重要鑰匙。儘管不是唯一，卻很可能是個位數鑰匙中的，一把。

他的訪談印象裡，「張愛玲的表現熱誠又令人舒坦，且相當幫忙。她的談吐嫻雅，怡然自若……絲毫不覺她有任何不自在或者有逃避與人接觸的想法。」

正因為訪談過程的印象如此，Lyon教授竟然錯覺地以為，那一整天，他打電話沒人接，他按門鈴沒人應，他枯等老半天的狀況，很可能是他自己搞錯了約定，或，僅僅是張愛玲記錯了約定！

但他後來，很快地知道，錯了，不是他以為的那樣。

是張愛玲，真的，真的，是張愛玲曾經想逃避那次訪問。

很奇特吧！張愛玲這個人。

她的確很不喜歡與人往來。

她確實不善言辭像她寫信給宋淇夫婦時承認的。

然而，她卻會給有機會訪問她，或與她長聊的人，留下款款情深，言談誠懇，無所迴避的印象！

Lyon教授得到的，就是這印象。

未來，作家水晶得到的印象，亦近乎如此。

張愛玲愛寫「不徹底的人物」，因為大徹大悟的人畢竟不多。其實，她自己何嘗不是一個「不徹底的人物」呢？

她筆下的人物，被生活裡各種因素推著往前走。

現實裡，張愛玲同樣被多重因素推著往前走。

她若夠徹底，她可以不接受訪問。

她若夠徹底，她可以順應環境融入環境。

但她不夠徹底。於是，我們看到的，「他人眼中的張愛玲」，有著令人困惑的圖像。

Lyon教授離開張愛玲辦公室後，很快收到張愛玲的信，請他接受遲來的抱歉。

張愛玲式的解釋，實在有趣。

為了解讀方便，我把她的一整段話，拆開，分解。

「因為我手邊正有一些工作本周內需完成，怕有人來催，所以才不接電話也不應門。」（表示她在房內，就是不接電話不應門。而且，不是針對Lyon教授，是針對要來催繳工作報告的人。所以Lyon只是倒楣而已。催工作？這又牽涉另一個故事，以後再談。）

「我原來並不知道就是你，一直到我們聊完，我獨自回住所，見到了管理員塞在我門縫裡的信，才明白過來。」（張愛玲原來並不知道是Lyon打電話按門鈴?!妳不開門不接電話，怎麼會知道是誰呢？為了躲催工作的人，乾脆關掉所有聯繫管道！這張愛玲也太絕了吧！）

在給Lyon的信上，張愛玲附帶了說明，要他以後若談到賴雅與布萊希特之間，存有競爭意味時，「請不要提到我。」

為什麼呢？

張愛玲可能事後想想，不妥。她不該說賴雅既然待過好萊塢寫劇本，幹嘛對自己參與的劇本被布萊希特刪掉那麼在意。於是她補充了，「或許他往後不復與布萊希特來往與不引用他作品一事有關；畢竟這與寫劇本不同。」

可見，張愛玲事實上，很清楚她對Lyon講的話，關於賴雅的話，是有可能引發外界猜測的。

她不要外界以為賴雅的遺孀，在賴雅身後「議論」賴雅？

她不想讓賴雅遺孀的身分，混淆了她本身是一位「有名作家」的事實？

總之，這信，讓Lyon教授印象深刻。

張愛玲署名Eileen Reyher，以賴雅遺孀自居。
但下一封信，張愛玲又署名了Eileen Chang。而且，侃侃談起她自己。
從Eileen Reyher到Eileen Chang，我們可以解出怎樣的張愛玲密碼呢？

40

張愛玲總是要讓採訪者，撲空，失望，再驚喜！

為何我要說，解讀James K. Lyon的〈善隱世的張愛玲與不知情的美國客〉一文，是我們穿透簾幕，一探張愛玲幽微內在的重要鑰匙呢？

因為Lyon教授事前對張愛玲一無所知，不像也訪問過張愛玲的殷允芃，或水晶，是帶著「張愛玲傳奇」的印象，去訪問她的。

Lyon很像帶著一張哲學家羅爾斯（John Rawls）提出的「無知之幕」，也就是沒有任何事先預設的價值判斷，去看張愛玲，反倒在他一路驚訝的過程中，突出了我們所知悉的，或不知悉的「張愛玲面貌」。

為了了解張愛玲對陌生採訪者，是否有一貫的反應模式，我特地比較了三場採訪張愛玲的紀錄。

一是，殷允芃在一九六八年，透過夏志清介紹，採訪張愛玲。

二是，Lyon教授於一九七一年二月的面訪與書信往返提問。

三是，作家學者水晶在一九七一年六月上旬，張愛玲約他一晤。

這三場訪問，內容我們以後再論，先看過程，十足反映了典型「張愛玲模式」。

殷允芃找她，她在寫給夏志清的信上說：「我那兩天正不大舒服，已經回掉了，她又把你的介紹信送了來，所以最後又請她晚上來，也沒談出什麼來。」

言下之意，是什麼呢？

若不是看在夏志清的分上，她真不想接受訪問?!

但，殷允芃怎麼記載的呢？

她很惴惴然，因為她知道「張愛玲是向來不輕易見人的」。

「但開門迎著的，她的謙和的笑容和緩慢的語調，即刻使人舒然。」

殷允芃在紀錄中，記下張愛玲初接電話的推辭：「真對不起，您那麼老遠跑來，不巧得很，我這幾天不舒服，真的是病了……而且這兩天還得趕著交一篇東西。」張愛玲隨即補充，「就是那個IncomeTax表。」因為殷允芃看到書桌上，有一張指示如何填所得稅的表格。

Lyon教授是寫信給張愛玲，要談賴雅與布萊希特的兩人關係。張愛玲回信答應，約了時間給了電話，但讓Lyon差點吃閉門羹！

由於聊得愉快，之後張愛玲隨即主動寫信致歉，解釋了「手邊正有一些工作本周內需完成，怕有人來催」，所以不接電話不應門鈴。

水晶呢？

他也吃過閉門羹。他寫過一篇〈尋張愛玲不遇〉，在見到張愛玲之前。

明明是張愛玲先答應了他，他提著行李，找到住所，按門鈴，張愛玲應了，透過傳話器，張愛玲說不能見他，因為感冒了，躺在床上。

水晶寫著：「她的語調低緩平和，不帶絲毫感情成分，不過她把電話號碼告訴了我，又說很高興聽見我到了柏克萊。再想說話時，一陣沙沙聲，傳話器竟告音沉響絕。」

然後呢？

水晶有了電話，然後呢？

水晶透過朋友知道張愛玲在加大陳世驤主持的「中國研究中心」做事，去那，堵她嗎？水晶說，他沒這麼做，那種心理很難解釋，但水晶還是解釋了，「也許是我不願意碰釘子，在眾目睽睽之下？」

水晶顧慮得很對。張愛玲難搞，誰知道呢！

水晶試著電話聯絡，一個多星期，都無人接應。

最終竟然在周末的凌晨通了。

張愛玲解釋她感冒的時候，一講話便想吐，所以只好不講話。

尷尬吧？

水晶是聰明人，怎會聽不出話語中的含意？

水晶這麼寫著：「她說這些話的時候，如果換成旁人，我會覺得是『敷衍』或者『矯情』，但是因為她是張愛玲，我並沒感到有什麼不對。」

張愛玲要了水晶的電話與地址，說她會先寫張便條，收到後，水晶再打電話聯絡，約定才算數。

但水晶等了一個多月，沒便條，沒電話。

你看出「張愛玲模式」了嗎？

41 張愛玲：水仙子式自我疏離的「冷」

「張愛玲模式」？

我是指，她與人應對的模式。

都說張愛玲不善與人交往，這是事實。

但，從一些有機會採訪她的人眼裡，看張愛玲，她又極其和藹可親，相當健談，這是怎麼回事？

胡蘭成說張愛玲是「民國世界的臨水照花人」。

「張愛玲是使人初看她諸般不順眼，她決不迎合你，你要迎合她更休想，你用一切定型的美惡去看她總看她不透，像佛經裡說的不可以三十二相見如來，她的人即是這樣的神光離合。偶有文化人來到她這裡勉強坐得一回，只覺對她不可逼視，不可久留，好的東西原來不是叫人都安，卻是要叫人稍稍不安。」

《今生今世》是胡蘭成多年後出版的書，時隔多年，他對張愛玲的觀察，肯定歷經歲月淘洗，而後仍留下他認為最深刻的部分。

我引用的兩段話，正前後說明張愛玲是一個「極為自戀的人」。

一般人都會自戀，某種程度，或多或少的自戀。

但一般人的自戀，會在日常生活，會在人生歷程上，做了許多妥協。最終，自戀只是望著鏡裡朱顏瘦，暗自神傷，但很快的，又去蠅蠅苟且了。

極端自戀的人，不同。

李焯雄在〈臨水自照的水仙〉一文裡，認為張愛玲本人的「水仙子式自我疏離」，非常明悉的反映在她的作品裡。當然也反映於她的人生。

Narcissistic alienation，不只是自戀而已。

自戀衍生出去，也可以是自我膨脹、自我中心、自私、利己等等，一組相互延伸，彼此交串的概念。

疏離，對一般人而言，是想要突破的藩籬。

然而，對水仙子式的自我疏離者來說，反倒是他們求之不得的界線。

自我，當然要有疏離感。愈自我，疏離界線要愈分明。

那好，怎麼解讀張愛玲的自我疏離呢？

她是作家，寫作要有人刊登，有人閱讀，要有稿費支付，要有編輯往來，要有粉絲互動，要有媒體採訪。

如果是現代資本主義社會，問題不大。

經紀人，替你搞定一切。

你可以完全離群索居，只透過經紀人，透過銀行轉帳，透過網路支付，你繼續自我疏離，但名氣收入都不成問題。

可是張愛玲的年代，條件還不具備。

然而張愛玲在上海，她熟悉的城市裡，宛如孤島的汪偽政權羽翼下，尚可維持相對單純的自我疏離。

她到了香港，風采不再。

她到了美國，阮囊羞澀。

她必須低頭，為了生存。

這時，她的水仙子式自我疏離，便出現嚴重的裂痕。

在一定的程度上，她的本質仍在。

她能閃能躲，是本能。但她必須面對一些現實，她便壓抑本能，試著笑臉迎人，但不是很心甘情願的。

初步笑臉迎人了，但第二步，她可能又懊惱後悔。於是，你找不到她，電話不接，敲門不應。

但她，張愛玲還是要生存啊！

但她，張愛玲還是上海人哪！

於是，壓抑本能，超越自我，張愛玲於是又捧著笑臉，出來見客了。

最能突顯這種心境，苦楚的心境的，是她見殷允芃受訪這件事。

她躲著殷允芃。

但殷允芃抬出夏志清推薦名號，張愛玲無奈。

但接見之後，她立刻謙和優雅，還熱誠款待，「煮了濃咖啡，端出核桃甜餅，倒上兩小杯白葡萄酒，又拿出花生米來。」

有沒有讓人受寵若驚呢？

如果你是碰了多次釘子之後，面對這樣的熱情？

但千萬不要高興太早。

張愛玲接待之後，寫了信給夏志清，「上次殷允芃小姐來找我，我那兩天正不大舒服，已經回掉了。她又把你的介紹信送了來，所以最後又請她晚上來，也沒談出什麼來。」

你覺得她的口氣如何?!

但相隔四十年後，殷允芃當年在「新潮文庫」的《中國人的光輝及其他》，重新於天下雜誌出版，封面上只突出一個賣點：「中文世界唯一當面夜訪張愛玲。」

沒辦法，她再怎麼水仙子式自我疏離，她，還是傳奇張愛玲啊！

42

張愛玲：水仙子式自我疏離的「隔」

張愛玲的「熱情」，於她，應該是莫大的辛苦。

幾乎，我們未曾見過她，在人多場合的歡愉畫面。

一九五〇年，上海召開「第一次文學藝術界代表大會」，張愛玲應邀出席。

根據柯靈的回憶，「季節是夏天，會場在一個電影院裡，記不清是不是有冷氣，她坐在後排，旗袍外面罩了件網眼的白絨線衫，使人想起她引用過的蘇東坡詞句『高處不勝寒』。」

「那時全國最時髦的裝束，是男女一律的藍布和灰布中山裝（亦即毛裝），後來因此在西方博得『藍螞蟻』的徽號。張愛玲的打扮，儘管由絢爛歸於平淡，比較之下，還是顯得很突出。」

柯靈講到這，又插了一句滿幽默的話：「我也不敢想張愛玲會穿中山裝，穿上又是什麼樣子。」

無法想像，但可以參照。

丁玲是五四後知名度極高的作家。《莎菲女士日記》至今仍有高度女性意識與文學意義。丁玲的現代時髦感很夠。但她投身左翼很早，抗戰時去了延安，很快向毛澤東的文學主張輸誠。

她穿起毛裝什麼樣?!看了很令人感傷。

那是從頭到腳，自外向裡，全面的輸誠。

難怪，柯靈老先生要幽上一默，不敢想像張愛玲穿上中山裝是什麼樣！

張愛玲穿旗袍赴會這件事，很典型，反映了張愛玲一方面很不識時務，另則反映了她自我疏離的嚴重性。

一九五二年她離開上海，再沒回過中國，也是可以理解的選擇了。

水仙臨水自照，在一個集體主義，必須交付個人靈魂給國家，給集體的世界裡，水仙怎麼活得下去？

寧可在流放的旅程中孤單、自我，也好過於在集體的踐踏中消失，來得好，不是嗎？

離開了熟悉的上海，熟悉的寫作脈絡，熟悉的供養自我疏離的環境後，張愛玲必須「笑臉」迎人。

那是怎樣的一種自我克制，反串他人期待的臉譜呢？

書信集，替我們留下一些鏡頭。

一九六七年四月，她寄了部《夢影緣》彈詞，請莊信正轉送陳世驤。

這部《夢影緣》在行家眼裡，無疑是珍寶。是張愛玲家傳的善本書。她送給了陳世驤。

為何呢？

賴雅過世，張愛玲必須繼續存活。

莊信正要轉換學校，他與夏志清都推薦張愛玲去加州大學「中國研究中心」接替她，擔任研究員。

陳世驤當時主持這所研究中心。

陳世驤也是才子一枚。

他念北大時，便才情外露。抗戰時到了美國，一待便直到過世。他沒有博士學位，卻在美國學界有一席之地，可見他的學養與人際關係，都有過人之處。

他接納了張愛玲。

但張愛玲在「加大中國研究中心」的際遇，卻是一場災難。她直到晚年，都還耿耿於懷。

她不懂人情世故嗎？確實。

但她也不是不明白人際關係的重要。

她在交涉這份工作時，懂得送禮，懂得透過夏志清、莊信正打理必要的關節，她未必懂人情世故，但她會善用人情世故。

可惜，她是張愛玲。

她在「懂得」張愛玲傳奇的人心目中，她是被捧著的張愛玲。

而她在「不懂」張愛玲傳奇的人眼中，則毫無疑問，是個孤僻、不合群、固執、無法溝通的張愛玲。

陳世驤，這位當年北大的才子，顯然就很不能欣賞張愛玲！

儘管，張愛玲搬出一副笑臉，迎向了「加大中國研究中心」，迎向了陳世驤。她以為，她有份可以長期安定的環境了，因為之前的人，都做了滿久的。

但可惜，她就是張愛玲。坎坷，顛簸，不順，繼續在前方，等她！

43

張愛玲：水仙子式自我疏離的「惘」

張愛玲與她不熟悉的世界，總是「隔」，即便她想笑臉迎人。

張愛玲在加州大學「中國研究中心」的遭遇，是她一輩子無法解開的死結。

直到晚年，直到過世後。

陳世驤沒有配合她嗎？

顯然有。

張愛玲深居簡出，作息跟一般人不同。

所以，研究中心特別給她一定的特權，她可以晚到晚歸。

張愛玲其實最適合的工作，應該是「駐校作家」這類性質。但她在賴雅還在世時，已經搞砸過一次。在邁阿密大學。

這所邁阿密大學，位於俄亥俄州的牛津。

根據夏志清在《張愛玲給我的信件》做的補充。這所邁阿密大學規模不小，但聲望卻不如州裡另一所專收男生的墾吟學院（Kenyon College）。這學校有一位名詩人，詩評家蘭蓀（John

Growe Ransom），辦了一份《墾吟季刊》，發展出後來「新批評」的主要園地。

因為有著較勁的心理，邁阿密大學在延攬張愛玲擔任駐校作家時，便有了相當程度不言可喻的期望。

這期望，再一次考驗了張愛玲的「水仙子式自我疏離」的本質。

而且，悲慘收場。

張愛玲很需要這份工作。

賴雅的狀況愈來愈糟。沒收入，已經很糟糕，他的健康更壞。

但生活還是要過。

張愛玲好不容易爭取到這職位。為了全心去赴任，她還希望賴雅與前妻生的女兒，能幫忙照顧賴雅。可是，賴雅的女兒自顧不暇。為了這爭議，兩人鬧得不愉快。

張愛玲最後還是請了外人幫忙，自己隻身去了邁阿密大學。

但她才去了兩個多月，就因為賴雅大小便失禁，受托照顧他的人，完全無法應付，逼得張愛玲匆匆趕回，把賴雅帶到邁阿密大學自己住處，身兼照顧責任。可以想見張愛玲處境的困窘與狼狽。

她抱怨找不到人來照料賴雅，兩人在極小的公寓裡擠著，氣氛可以想見。

賴雅成拖累了，學校也問題重重。

駐校作家，理應要有與校園互動的義務。校方並沒有給張愛玲安排教課時數，但希望她每周要抽幾小時空，跟教職員和學生見見面、聊聊天。

該校英文系教授也邀請張愛玲參加他的研究班，現身指導。但張愛玲勉強答應後，從未出現過！

學校的活動，張愛玲一貫是能免則免。校方當然大失所望。時間一久，雙方的誤會歧見日深。當年底，她寫給夏志清的信，便透露，她應該不會待下去了，因為她「太不會跟人周旋」。

張愛玲認知是，駐校作家本當專心寫作。但校方對請來一位作家駐校，竟無助於校園與作家的互動，很不諒解。

壓垮關係的導火線，是校方要求張愛玲寫一篇論文，拉抬學校的名聲。但張愛玲卻視為苦差事，甚至認為是出難題、找麻煩。

她說「這裡上課我已經習慣了，但他們又出難題目，要我寫論文在Kenyon Review之類發表，再在此地讀出來作為演講，以資宣傳。雖然題目是我感到興趣的，不費上許多時間，投稿也拿不出手去。」

雙方關係搞不好，也便罷了，好聚好散，不是做人處事的道理嗎？尤其是對成人，對已經有名望的人，尤其是。

但隔年四月，張愛玲竟然「悄悄的」，帶著重病已久，骨瘦如柴的賴雅，離開邁阿密大學，沒有跟任何人事前打聲招呼！

半年之後，賴雅便病故了。

對賴雅本人，是種解脫。他不必再拖累張愛玲了。

對張愛玲來說，又何嘗不是解脫呢！從今而後，她再也沒有其他男人了。

這位臨水照花人，始終很難讓別人懂她。她也很難理解別人。久之，怎能不惘然呢？

說她惘然，不是沒道理的。請看下去。

44

張愛玲：水仙子式自我疏離的「精」

張愛玲在美國的生涯，最後一個尋求職位的工作，在加州大學「中國研究中心」。去之前，她始料未及，未來境遇如此之尷尬。當然，別人也無法預知。

離開之後，她始終耿耿於懷，也許直到臨終。

於是，開始，是充滿了期待的。

賴雅過世了。

張愛玲仍要為自己做打算。

加大的「中國研究中心」，那職位原本由夏志清哥哥，夏濟安擔任。

夏濟安，如今年輕文青未必知道，但他在國民黨政府敗退到台灣後，他也到了台灣，任教台大外文系，慘淡經營，辦了《文學雜誌》。後來一票台大外文系的作家群，白先勇、陳若曦、歐陽子、王文興等，都是他的學生。

夏志清的〈論張愛玲〉，英文發表後，由夏濟安翻譯成中文，分上下兩篇，在《文學雜誌》刊載，張愛玲瞬間又重新在中文世界被提及。

那年是一九五七年。

後來夏濟安到了美國，很長期間，在加大「中國研究中心」任職。

一九六五年他猝逝，職務由莊信正接手。

一九六九年莊信正轉往南加大任教，他與夏志清都力薦張愛玲接手。

這裡又有一樁有趣公案。

莊信正在《張愛玲來信箋註》裡記得，張愛玲自己覺得資格不夠，予以推辭，但夏志清認為那是中國傳統的謙虛之辭，並非拒絕。

於是他又建議陳世驤親自寫信邀約。

為何說這段公案，有趣？

因為張愛玲當時確實需要這份工作。

賴雅過世前後，她已身心俱疲，財務困窘，需要一份安定工作，讓她自己穩定下來。但她竟懂得「謙辭再三」，直到陳世驤親自寫信邀請！你不覺得張愛玲其實也很有「老派文人」那一套嗎？

這段期間的交涉，看來都是身為晚輩的莊信正，居間跑腿幹活。

莊信正對張愛玲執弟子之禮，敬語稱她「張先生」。加上他與夏志清的關係，夏志清又十分幫忙張愛玲。

因此，在莊信正的筆下，他完全不見居間穿梭幫忙之苦。

但我們從前後發展，以及對張愛玲慣性的認知，來合理推測，這居間協調，一定不會是輕鬆的工作。

莊信正自己注解了：

「她前往加州大學中國研究中心任職的待遇細節和例行手續都由我就近代為洽商辦理，包括履歷。」

「只要收入足以維持生活（而她的生活非常簡樸），張先生寧願儘量多留時間從事寫作。因此陳先生（陳世驤）給她的工作是四分之三；這樣不必全天上班，也可以配合她晚睡晚起的習慣。就任後通常她下午才去辦公室。」

陳世驤是五四時期的才子。

在美國白手闖蕩，掙得自己一席之地。

他與夏濟安、夏志清兄弟交好，一定很尊重他們對張愛玲的推薦。

但他畢竟是一個要拿出研究成果的單位主管，要對整個研究單位，扮演一份領導協調的角色。

以常理來看，要給張愛玲享有「特殊待遇」，並非容易的事。

如今，我們把「張愛玲傳奇」視為當然。但一九六九年前後，張愛玲不過是一位曾經紅過的小說家，一位沒有博士學問，甚至沒有大學畢業證書的作家，研究中心要對她另眼相看，絕對不是想當然耳的事！

也因此，夏志清的推薦，莊信正的奔走，必定非常之關鍵。但問題是，張愛玲就是張愛玲啊！

她可以為了生存，做必要的妥協，例如：她送禮給陳世驤，對夏志清、莊信正亦再三表達感激。

但，她明明就是如假包換的張愛玲啊！

時間一久，水仙子的自戀自負，孤僻絕人的本性，便流露出來。

據說，夏志清夫人，曾經感嘆過：「張愛玲也是懂得送禮的，但她進了研究中心後，卻一點馬屁也不拍了。」

到底是張愛玲這朵水仙難搞，還是學界的潛規則難搞呢？

45

張愛玲：水仙子式自憐自艾撞上豪邁北方客

張愛玲與陳世驤的衝突，是張愛玲後半輩子沒解開的心結。

因為陳世驤也是突然猝逝，讓張愛玲想方設法，要「解釋自己」的努力，一夕斷線。

我為何用「解釋自己」，而非「溝通對方」？

因為張愛玲是水仙子啊，她要別人懂她，而非她懂別人！

陳世驤，應該不是難搞的人。

從其他人的描述，陳世驤夫妻膝下無子女。

好客，喜熱鬧。

常常招待朋友，請研究中心的人吃飯聊天聚會。

這對張愛玲卻是苦差事。

這些聚會她偶爾會去，但次數少到可憐，待的時間也不長。（可是張愛玲自己說她只有一次沒去?!）

陳世驤到底欣賞多少張愛玲的小說？沒有明顯證據。

但從夏志清、莊信正在書信集的箋注裡，多少留下令人好奇的空間。

莊信正說，陳世驤曾對他說，中國文學的長處，全在詩，不在小說。

也許，言者無意，聽者有心。

莊信正會特別留意這話，一定是有當時環境的某種氛圍，令他格外敏感。

張愛玲在加州大學中國研究中心，擔任什麼工作呢？

這工作，陳世驤自己做過，後來他的職務愈來愈重，便交給李祈（英國牛津畢業），之後是夏濟安，再之後是莊信正。每一位都算學有專精，不是隨便安排的。

因為是「中國研究中心」，當然以當代中國為主軸。

張愛玲擔任的職務，是分析中共統治下的中國出現的新名詞，透過這些分析，進而讓人理解究竟中國發生了什麼事！

這是一個學術研究機構，想當然的，會有「學術規格」的要求。

很可能，陳世驤與張愛玲，兩人打一開始，便對工作的性質，有了溝通上的誤解。

張愛玲需要一份工作，這是事實。

對她最好的安排，是駐校作家，但她搞砸了在邁阿密大學的駐校經驗。

如今這份工作，有夏志清、莊信正力薦，她沒有理由不試試。

但張愛玲當時，還是念茲在茲，要寫小說，要翻譯《海上花》。她絕對不希望其它的工作，會「干擾」她的主要關注，這是很合理的生涯要求。

因而，工作之外，她仍舊晚上持續創作。工作之外，盡量減少不必要人際往來，絕對是她採取的優先態度。

這樣一來，麻煩漸漸大了。

研究中心是一個社群。專家學者可以關起門來，在研究室裡埋頭苦幹。可是也一定有彼此交流、討論的下午茶或研討會之類的。

張愛玲擁有「特權」，晚去晚歸。應該不少類似的交流活動，她都不可能參加。

久了，別人會不另眼相看嗎？

好，如果你張愛玲在「研究」方面，讓人驚豔，那也許閒言閒語還不會太多。

但正是在「研究」上，她嚴重與陳世驤衝突。與研究中心的專家們，衝突起來。

先看爭議點。

張愛玲到了中心後，兩年左右，交出的報告是一篇〈講文革定義的改變〉，並附上「兩頁名詞」。

據說，陳世驤非常「失望而生氣」，就用這當理由，炒她魷魚。

張愛玲自己也很失望。

她似乎認定自己被大材小用，只是進來分析名詞而已。「世驤叫她寫glossary，解釋名詞，不要像濟安、信正寫專論。」

但夏志清的說辭，則是認為張愛玲把這陳世驤句話，「當聖旨看待」了。

因為，之前夏濟安、莊信正，也都是先寫專論，後面再附錄中英對照詞語解釋。莊信正寫的一篇關於鄧拓與〈燕山夜話〉的文章，張愛玲還讀過。

因此張愛玲不會不知道「規格」的。

但，問題來了。

到底是張愛玲蕭規曹隨，學之前兩位的作法，但陳世驤不滿意，要改變？還是，張愛玲連之前兩位的水平也沒達到，肇致陳世驤很失望呢？

總之，這場不歡而散，張愛玲始終耿耿於懷。

46 壓垮張愛玲在美國學界闖關的最後一根稻草（上）

自戀式的人格，永遠是在乎自己，遠勝於在乎別人的。

張愛玲有多在乎自己？

她與莊信正、夏志清的通信，充分說明一切。

一九七一年五月七日，她寫了封信，給莊信正，告訴他，陳世驤在上個月，已經「來信通知我六月底結束這裡的工作」。

來信通知，就是正式解聘的意思。

比較之前三位離職的原因，李祈是轉職，夏濟安是猝逝，莊信正是被挖角，堂堂張愛玲卻是被「解聘」！

這叫一向心高氣傲的張愛玲，怎能接受？

她寫給莊信正的信，通篇都在抱怨，都在自我辯護，也在強調自己一直感冒，一直有psychosomatic（身心失調）的毛病。

特別值得注意的是，她類似的信，也寫給了夏志清，內容幾乎相近。

可見她一方面極為在意陳世驤解聘她的事，另方面，她也極為在意當時最能了解她的兩個朋友的反應，因而她全力反擊！

她的信，也不只反映她與「老闆」陳世驤的摩擦，更反映了，她與研究中心裡其他中國事務專家的衝突，其中之一，便是謝偉思（Jack S. Servive）。

謝偉思曾給張愛玲建議，張愛玲接受了。

但兩人的對話，顯露張愛玲對謝偉思的漫不經心，很不滿意。

而謝偉思則近乎傲慢的告訴張愛玲，「妳不適合這個工作。妳可以用這些材料寫小說。」

單純看中文，就已經感覺語氣不佳，如果再對照英文原文，更形同當面羞辱了！

You are incongenial for the work. You can use the material for fiction.

謝偉思的話，必須還原當時的場景。

一定有人已經對張愛玲享有的特權不滿。她可以晚到晚歸。可以做四分之三的工，享全部的福利。

一定有學者式的思維，認為張愛玲是不夠格的專家。

一定有人對小說家式的分析方式，認為不符合學術規格。

了解這些背景，就會比較懂謝偉思在講什麼，也會理解張愛玲感覺自己「被羞辱」的忿怒。

謝偉思的話，直接暴露，他或者部分研究中心裡的人，多多少少是這樣認定的：妳張愛玲還是去寫小說吧！

我們現在把張愛玲當傳奇，但傳奇的一部分構成，不也包括張愛玲走過的坎坷路嗎？

她在駐校作家，她在大學研究單位，種種際遇的不順遂，不也是構成傳奇的種種顏色嗎？

但在當時，研究中心裡的人，很可能，他們只是看不順眼一個無法把研究工作做好的張愛玲而已，他們根本不在乎妳張愛玲是誰！

張愛玲到底做得如何？

她的報告真的不符合規定嗎？

也許，一直在協助她，也一直執弟子之禮的莊信正，最能中肯反映。

他在另一封信的注解裡說，張愛玲接下的這個工作，是一年要交一份專題論文（monograph）。張愛玲去了的第二年，交了。但陳世驤告訴莊信正，張愛玲的報告沒有遵循學術論文寫法，且直接挑明，不像之前夏濟安與莊信正的表現，而只是交出簡短的片段形式，難以出版。

要注意，陳世驤對莊信正的抱怨，沒說出口的潛台詞，不就是你們怎麼介紹這麼糟糕的一位給我呢？

真的有那麼糟糕嗎？

莊信正接著說，有一次他去柏克萊，謝偉思拿出張愛玲寫的論文給他看，「確實類似筆記（notations），長度也不夠。」

莊信正大概是為尊者諱，沒有多做評論。

但他的尷尬，是必然的。

他的前老闆陳世驤抱怨。

他的老同事，負責編輯出版的謝偉思不只抱怨，還亮出證據。

他能說什麼呢？

他尊敬張愛玲。是他力薦了張愛玲。

47 壓垮張愛玲在美國學界闖關的最後一根稻草（中）

張愛玲是傳奇。

如今，沒多少人知道誰是陳世驤，誰又是謝偉思了。

「張愛玲傳奇」走過了她的煎熬期。

可是，在張愛玲仍尋求找一份安定工作，能讓她在美國安定下來，有餘暇可以寫小說，從事《海上花》的翻譯時，有些人，仍是她必須在乎的人物。

一個是她老闆，決定她能否繼續做這工作。

一個是審議她的論文，決定能否刊出的刊物編輯。

另外兩個，是她可以依賴的朋友。

張愛玲的論文，究竟夠格與否，她自己是很不服氣他人的評論的。

「我那篇東西直到上星期三才趕完，是講文革已經在去年十月一日結束，因為措辭隱晦，竟沒人知道。要從這一兩年來的 semantics 一路看下來才知道。驟然說了誰也不會相信，所以我沒用大綱開始介紹題材，免得使人一看先不相信，而一步步引入。」

這封信寫給莊信正，一九七一年三月一日。

這封信顯示張愛玲確實是有觀察中共的敏銳度的。

她認為中國的文化大革命，在一九七〇年十月一日已經結束了。只不過修辭很隱晦，以至於外界未能察覺。但如果用語意學的方式一路追蹤的話，就可以發現。

文化大革命，通說是十年浩劫、十年文革，一九六六到一九七六年之間。但也有學者，不那麼主流的認為一九六九年即已結束。

張愛玲斷定一九七〇年文革結束，不能不說是有創見。

可惜，她或許是論文提寫的方式，不合常規，導致其他專家無法接受。（這何嘗不是學術界的常態？）

或許，她大膽的提論，與一般中國專家迥異，又無法據理力爭說服他人，造成她的報告無法過關。

張愛玲在寫給莊信正的信上，叨叨絮絮一堆，無非是要莊信正理解「不解釋，你不知道我為什麼小題大做」。

張愛玲就是怕別人認定，她不會寫學術論文。她才再三對夏志清、莊信正澄清，她何以要小題大作。

她在意到什麼程度呢？

除了連續兩封信寫給莊信正，在一九七一年六月十日，她也寫了長信給夏志清。

信上劈頭便解釋，聽說陳世驤對夏志清說了些抱怨的話，連累夏志清，她很過意不去。但因為健康因素，她遲遲沒有寫信解釋。因為莊信正受到的壓力大，所以她不能不對他先做解釋（就是之前我們分析的那兩封信）。

張愛玲接著抱怨了，「剛來的時候，就是叫寫glossary，解釋名詞，不要像濟安、信正寫專論。剛巧這兩年情形特殊，是真沒有新名詞……唯一的中心點是名詞荒的原因。」

因為鬧名詞荒，因而張愛玲才寫了那篇講文革結束的報告。

但陳世驤說看不懂。給了研究中心裡幾位專家看，也都說看不懂。

張愛玲與陳世驤於是爆發了言語上的衝突。

張愛玲：「加上提綱，結論，一句話說八遍還不懂，我簡直不能相信。」

陳世驤（他生了氣）：「那是說我不懂囉？」

張愛玲：「我是說不能想像你不懂。」

陳世驤（這才笑著）：「你不知道，一句話說八遍反而把人繞糊塗了。」

張愛玲：「要是找人看，我覺得還是找Johnson（主任），因為中心裡就這一個專家。」

陳世驤（又好氣又好笑）：「我就是專家！」

這段對話，又持續了幾句。

但沒用了，雙方草草結束談話。

一切都來不及了。

談話之後，陳世驤做了炒魷魚的決定。張愛玲又失業了。

一切都來不及了。

張愛玲力圖反撲為自己澄清辯解，也來不及了。

沒多久，陳世驤就猝然倒下，再也不是研究中心的主任了。

但，張愛玲一直在努力澄清。

她找了水晶訪問她。她持續修改文革那篇文章，但始終沒能發表，無法證明自己確實不是不夠格的研究者！

48 壓垮張愛玲在美國學界闖關的最後一根稻草（下）

導致張愛玲被炒魷魚的論文〈講文革定義改變〉，後來被她不斷修改，於一九七二年五月，完成，分成〈文革的結束〉與〈知青下放〉兩篇。

這時，她已經失業了一年多。

陳世驤也已經猝逝一年多了。

換言之，張愛玲努力堅持修改完成這篇被退回的論文，所為何來呢？

不過是爭一口氣而已。

張愛玲性格裡，水仙子式的性格，從自憐自艾，到自戀膨脹，也不是沒有一股激勵自己之動力的。

正因為她以自己為中心，更由不得自己被誤解被扭曲。

作家學者蘇偉貞對張愛玲在乎這件事，做了很深入的追蹤分析。

她的《長鏡頭下的張愛玲》裡，有一篇〈張愛玲的「名詞荒年」〉，把這篇文革論文的後續下落，做了詳細交代。足以證明張愛玲的性格中，某種堅韌性。

張愛玲反擊自己所受委屈的方式，先是寫信給莊信正、夏志清，希望他們了解事件原委。再來，是她主動找了一直想訪問她卻始終碰壁的水晶，做一次夜間長談。

但這些都只是旁證啊！即使別人相信她，也沒有直接證據證明她不是沒有學術功力的！

於是，她多花了一年多，修改論文。

她說這是還債，是「還我欠下自己的債」。口氣很張愛玲吧！不欠別人，是欠我自己！

最後修改完成，她又說「明知這是浪費時間，不做完它也定不下心來做別的。研究中共當然到此為止。」

人都會在乎自己。但多數人，在乎自己，也許盡了力，也便罷了，「成事在天，謀事在人」。

但張愛玲卻不是。她在乎自己，就要別人也相信自己，看到自己。

這兩篇文章，英文完成。

她一直透過各種方式，想要發表。

但終其餘生，都沒有地方發表。

如果改成中文，未必沒地方發表。

但張愛玲應該是鐵了心，就要英文發表。為何呢？

她要證明自己不是不夠格的研究者啊！

夏志清對這段努力的失敗，做了解析。

張愛玲不是著名的中共專家，也不是英文世界熟悉的作者，這兩篇文章題目又冷僻，本來就不易獲得青睞。找不到地方發表，完全可以預期。

時間是無情的。

有時效性的文章，一拖再拖，最終，竟然成為「張愛玲紀念展」的遺物。在其他華人世界，這兩篇文章過時了，大家興趣不大。

而在中國大陸呢，這兩篇文章，當然是禁忌，連提都沒機會提，遑論出版。

張愛玲賭上自己的失業，拚命為自己爭一口氣，一定料不到，包括她自己，以及一干相關人等，紛紛作古了，世人卻連這兩篇文章都見不到。

徒留下，張愛玲因為這篇論文，而被炒了人生最後一次魷魚的「張愛玲公案」！

不能不說是她的遺憾吧！

但張愛玲對中共能說不了解嗎？

她可是寫了《秧歌》，寫了《赤地之戀》的作者啊！

在永遠離開中國之前，共產黨政權下，她也親身體驗了三年左右。

當中共政局起了翻天覆地變化的前夕，她就把媒體上報導的新聞，拿給對左派充滿熱情的賴雅看。但賴雅不願接受。

張愛玲延續《秧歌》、《赤地之戀》，到〈文革的結束〉、〈知青下放〉，是她擅長老中國之外，探索新中國的嘗試。

《秧歌》好看。《赤地之戀》普遍認為失敗。〈文革的結束〉讓她失了業，〈知青下放〉沒人讀過。

整體而言，在張愛玲傳奇中，她應該也不是那麼願意人家多談的。

但張愛玲在陳世驤猝逝十幾天後，急著寫信給夏志清澄清，「現在世驤新故。我不應當再說這些，不說，另找得體的話。又講不清楚。」

於是，她寫了很長的信。

夏志清也在書信集裡，用了大篇幅注解。

這場誤會，始終解釋不清。

但，張愛玲確實再也沒有申請其他工作了。

但，她的經濟狀況，卻比以往穩定了。

因為，張愛玲旋風，在台灣，要揚帆了。

49 張愛玲始終在意的「林語堂情結」

張愛玲在美國闖蕩，極不如意。

對她，是始料未及的。

她心目中，要比擬的對象是林語堂，是超越他。

要像他那樣，以英文寫作揚名海外。

但，偏偏她就不是林語堂。

我們若仔細參照一下林語堂與張愛玲，或許可以這麼下注腳：張愛玲根深蒂固是屬於華人世界的，是駐留於時光膠囊中的「民國女子」。而林語堂雖然寫的是中國，但仍是西方社會所好奇的，「想像國度」的中國，林語堂是西方視野裡的中國作家。

西方出版社接納了《秧歌》，是因為張愛玲寫土改的中國，西方人好奇。但《赤地之戀》落於反共八股，《北地胭脂》沉溺於老中國舊世界，皆非西方好奇的對象。

若回顧張愛玲身後留下的英文遺作，多半仍環繞於她自己，屬於自傳性質的小說，或延伸於她之前的短篇作品。在她尚未成功打入西方出版界的前提下，這些著作，要出版絕非易事。

她曾經想以「張學良」為題材，寫英文小說。還為此到過台灣，唯一的一次台灣行。

但終其一生，這本書也沒完成。

張愛玲不可能成為林語堂的。

一方面，林語堂對西方世界「想看」怎樣的，關於中國的故事，了然於胸。他的書暢銷，基本上故事取勝。寓深邃於淺顯。是詮釋西方人所好奇的，關於中國的整體印象。

加上，林語堂個人，自由主義氣息濃厚，個人意識鮮明，他筆鋒流露出的活潑、自在，善於講故事的風格，很容易吸引西方讀者。

對照這方面，張愛玲顯然不討喜。

論個人風格，張愛玲比林語堂陰鬱多了。

論寫作題材，張愛玲比林語堂狹窄多了。

論筆鋒流露的氣質，張愛玲更貼近中文用字的意象堆疊，林語堂則因為直接英文寫作，中文讀者反而要透過翻譯來認識他，小說世界裡的林語堂，中文文采反不如他的幽默小品來得令人印象深刻。

若文如其人的話，林語堂活躍多了，不只是暢銷作家，更是他那時代文壇文化學術界的名人。有一定的名士名家派頭。

張愛玲則「小家碧玉」多了。

但林語堂能揚名海外，有他的時代背景。

中國完成了資產階級的革命，建立民國。然則政局混亂，陷入傳統朝代更替，軍閥割據的窠臼。可是，許多在西方留學的海歸派，不斷鼓吹西方現代價值，也連結了西方社會對中國這古老帝國，轉型為現代國家所經歷之陣痛的好奇。

林語堂出身歐美名校，英文流暢，善於以故事，訴說古老中國的智慧。

林語堂未必是中國當時最好作家的範例，但卻絕對是行銷中國文化到英文世界最好的代言人。

而且，名利雙收。

怎不叫張愛玲羨慕，一直懸以為自己英文寫作的目標。儘管，她也看不上林語堂所寫的題材。

那至於其他在英文出版界成名的華人作家，她尤其嗤之以鼻了。

可是，張愛玲的英文小說，亦唯有《秧歌》是好評的。

《時代雜誌》、《紐約前鋒論壇報》都曾有書評推薦。不過對銷路並無幫助。換言之，叫好不叫座。比起林語堂的叫好又叫座，當然天差地別。

終其一生，張愛玲都沒有完成她超越林語堂的夢！

可是我們再想想，如今再看呢？

一部英文《中國現代小說史》，林語堂不過是文學史上，一定會提到的名字。然而，張愛玲卻有她個人的專章、專論！

林語堂沒有「傳奇」，「張愛玲傳奇」卻注定繼續「傳奇下去」！

但在美國時期的張愛玲，還無法預見這些。於是，她還很在意。在意自己被炒魷魚，在意自己被批評不會寫論文，不了解中國，在意自己還沒寫出揚名立萬的英文小說！於是，她找了鐵粉，張迷，水晶來見她！

50

張愛玲「傳奇」，是怎麼打造的？

「張愛玲傳奇」，是怎麼打造的？

這句話，會得罪深深迷戀「傳奇」的張迷。

但我們念社會科學的人，不太相信「神話」會憑空而降。

這需要，做一些解釋。

人類，是需要神話的。當然，神人的邏輯，亦然。

我們不太相信神話憑空而降，乃因我們知道「神話」是有它的時空背景，甚至，有後來長期經營打造的脈絡，不管是哪一種神話，國家的，民族的，偉人的，鉅富的，美人的，當然也包括「張愛玲的」。

可是，任何神話，都不會憑空捏造，必須要有依據。

但，即便有依據，那也可能僅僅是有個故事而已。

傳奇，必須有所本，但更要有所發揮，有所創造。

張愛玲的傳奇化，來自於她的作品，來自於她作品出現的特殊時空，來自於她感情世界的離奇，來自於她大半生的異國飄零，來自於她晚年閉鎖自己的孤絕處境。

這些，都構成故事的內容。

但，故事要怎樣傳頌呢？

這就是「傳奇」根據於故事，再超脫於故事的關鍵了。

張愛玲的傳奇，是如何打造的？

首先，夏志清厥功甚偉。

是他，在淪陷區的尷尬處境中，挖掘出張愛玲這朵奇葩，以「文學史」的正典化，把張愛玲放進了「文學家」的行列裡。

但，他有提醒，張愛玲擅長的是中短篇小說。

再來，是夏濟安。

是他，把他弟弟夏志清專論張愛玲的小說篇章，翻譯成中文，在台灣的《文學雜誌》上，分兩期刊載。

一九五〇年代，風雨飄搖之後，台灣局勢稍稍安定。文學的種子，再度嘗試落地，發芽。《文學雜誌》不算暢銷（即便後來白先勇等夏濟安的學生輩，創《現代文學》，聲勢很大，銷路依舊不算好），但關鍵是，當時對文學感興趣的人，一定會看看《文學雜誌》，某種程度來說，在《文學雜誌》上能寫，能被注意，就已經是「文學精英」了。

第三，當然是要以出版，大量的出版，大量的讀者，做為打造傳奇的最後工程。

不少文學經典，正典化不成問題，但很可能只有文學典範的意義，而沒有文學傳奇的事實，因為看的人太少。

張愛玲的傳奇化，還是要過這一關。

夏志清還是幫了忙，力勸皇冠出版社，出版張愛玲全集。

夏志清的用意，當然首在解決張愛玲的生計問題。

張愛玲在美國的發展，無論是英文小說，還是機構謀職，夏志清都是推手。自然也很清楚張愛玲的挫折與無奈。

張愛玲以中文創作起家，成名，最終要回到這舞台，應該是夏志清所盤算的現實吧！

而改革開放之前的中國大陸，根本沒有接納張愛玲的可能。

看來看去，當然就是台灣了。

但，「張愛玲傳奇」還是有相當長時間的鋪陳。

皇冠出版社，自己有刊物《皇冠雜誌》，在推銷自己作家的出版品上，當然不遺餘力。

但皇冠出版有很多作家，暢銷歸暢銷，卻沒有被「正典化」的機會，為何張愛玲有？

這又要回到「張愛玲傳奇」的打造上，去找答案了。

我們現在看張愛玲與宋淇夫婦的通信，看張愛玲與夏志清、莊信正的書信集，會注意到，她不時提到皇冠，提到中國時報、聯合報的副刊。

看過台灣報刊盛世年代的人，都當記得，當時副刊，尤其兩大報副刊，在文學界，是可以「喝水會堅凍」的！

在副刊上出名，就等於是暢銷書的保證。

而，張愛玲正是它們好奇、炒作、感興趣的明星。

也不要忘了，那個渣男胡蘭成，偏偏在一九七〇年代中期，不安分起來，他嘗試在台灣再起爐灶，張愛玲這個舊愛，當然是他要炒作的資產，不炒白不炒。

但，鐵粉，張迷，作家水晶，在這之間扮演的及時雨角色，不可輕忽。

這也是，張愛玲被傳奇化，非常關鍵的臨門一腳。

51

張愛玲要重回中文舞台了！她找上水晶

「張愛玲傳奇」，如果沒有台灣，會怎樣呢？

實在很難講。

中共統治下的中國，直到改革開放，才開放了張愛玲的作品，而且還不是全面開放。

在一九八〇年代之前，根本不可能想像張愛玲可以「傳奇」在中國大陸！

海外華人市場，本來就不是中文出版的重鎮。而且，必須承認，在一九五〇年以後，大批文化人遷居台灣。局勢穩定後，台灣出版品開始引領華人閱讀指標。

「張愛玲傳奇」也只能在台灣這座島嶼上，醞釀出後來的景觀。

但，對張愛玲來說，傳奇澎湃於台灣，應該是始料未及的。

如果，不是英文小說發展不順。

如果，不是因為夏濟安、夏志清兄弟的加持。

如果，沒有台灣出版界在政府禁絕三〇年代左翼作家，或滯留中國作家作品的真空狀態下。

張愛玲未必能「趁勢而起」。

這並不是說張愛玲的小說沒有魅力。

但小說有魅力，並不見得會起傳奇風！

傳奇，必定是打造出來的。

張愛玲的確應該是「盤算過的」。

當她接受James K. Lyon訪問後，她寫給夏志清的信，表明了，對方是來談賴雅的，「於她也沒什麼益處」。這也可以印證，為何她主動回信給Lyon教授，還增添了對自己家世的說明。

但，無論如何，她在英文世界依舊只是出了三本不暢銷書的作家而已。

對Lyon也好，對張愛玲自己的心理也好，她都不是「主角」！

陳世驤炒她魷魚事件後，她亟思反撲之道，回到華人世界，回到中文市場，無疑，是唯一之路。

所以，她主動想到了，一直想訪問她，卻始終碰壁的水晶。

這篇專訪，時間點一九七一年六月，後來刊載於「人間副刊」。

在中時、聯合兩大報崛起，「人間」與「聯副」爭相要主導台灣文學，文化論述平台的時刻，報紙只有三大張，商業活動還沒有普遍昂揚的年代，副刊是閱讀的神聖花園。

可以想見，透過「人間副刊」的連載，這篇〈夜訪張愛玲〉會掀起多大的漣漪！

而事實上，也的確掀起漣漪。

尤其，在兩大副刊競相拚場下，你有我怎可能沒有的驅動力，更助長張愛玲旋風的再起。

那年代，「人間副刊」高信疆，「聯合副刊」瘂弦（王慶麟），拚場拚得可兇了。拚面子也拚裡子。

我年輕時，就親耳聽到瘂弦證實了一段得意往事。

一回在某個場合，高信疆先到，在簽名簿上簽下「人間高」，之後，瘂弦到了，他看看簽名簿，便在高信疆簽名旁，簽下「聯副王」！

夠嗆吧！

水晶是張迷，在被拒絕了一年多之後，突然被電召去張愛玲住所，讓她熱情款待，還授權可以寫專訪文，你說水晶怎不欣喜若狂！

這不只是「張迷水晶」的榮寵，更是身為張迷之一的他，把自己推向所有張迷舞台上最佳的表演機會，他怎麼可能不全力以赴?!

我們如今隔了一段時空，再回頭看水晶的〈夜訪張愛玲〉，不免一身雞皮疙瘩，因為太熱情，太興奮，太過於缺少一種「訪問他者」該有的適當距離，以至於整個專訪，變成了「張愛玲的舞台」！

不過，這不正是張愛玲的目的嗎？

她要重回中文世界了，只是這回，她的時光膠囊裡的文字，不在上海發光，而是在台灣發熱了。

52

張愛玲布局，水晶一步一步跨進去

水晶，是張迷，而且是鐵粉張迷。

早在張愛玲僅有的一次來台灣的行程時，他就想方設法要見她。但張愛玲那次台灣行，低調且行程更改，在台灣停留不久。水晶當然無緣見到張愛玲。

水晶在見到張愛玲之前，已經是個張愛玲小說研究者了。

水晶自己是小說家，寫過幾本小說，後來攻讀博士，對文學批評用力甚深。

他在〈蟬——夜訪張愛玲〉的專訪裡，就說了，他發表一篇〈試論張愛玲《傾城之戀》中的神話結構〉後，影印了一份寄給張愛玲。沒多久，竟收到回信！

為何水晶會驚訝呢？

因為，水晶原本是應了張愛玲的同意，到柏克萊去探望她，不料碰了釘子，硬生生在樓下，隔著對講機，被拒絕在門外。之後，遲遲無法見到。也可以說，他幾乎就放棄了見張愛玲的想望。

可是，張愛玲卻積極回應了他寄去的文章，邀他到住處一聚。

張愛玲為何要約水晶？

當局者迷。

水晶不會知道到底為何，張愛玲突然回心轉意要見他。

但，事後的種種線索給了答案。

張愛玲要為自己在陳世驤解聘她的事件上，找到為自己翻案的出口。

水晶，一個鐵粉張迷，無疑，可以扮演好這角色。

我一直認為張愛玲是個非常精明的女性。或者說，有她獨到的精明之處。

很多地方她看似不在乎，那只是她不屑在乎而已！但她在乎的事情，她可一點不馬虎。

她在台灣有了「皇冠」為她持續出版舊作，刊登散文（不要忘了，殷允芃的專訪，便登在《皇冠雜誌》上）。而且兩大報副刊，競相表達對她的興趣。但她又是一個頗有身段的作家，她怎能自己投稿講自己的委屈呢？

最好是透過專訪，把自己的激動，轉換成他人客觀的凝視，要來得更具說服力啊！

水晶去了。在一個周末，晚上七點半左右。

賓主一談，就談到了深夜。

談了什麼呢？

水晶這篇專訪，真的成了一篇敲門磚，敲出了他自己在「張愛玲學」上的位置，也敲出了理解「張愛玲學」的一道跨河之橋，後人要通往張愛玲的其人其事，莫不要先讀讀這篇專訪。

毫不意外的，這篇專訪也構築了「張愛玲傳奇」的傳奇紗帳，讓人進入其中，著迷於一層又一層的變幻。

傳奇，是需要打造的。

張愛玲樂於自己打造，水晶更是樂於協助打造。

於是，〈蟬——夜訪張愛玲〉便讓我們看到了一場難得的，作者與鐵粉，雙雙精心鋪陳的傳奇。

水晶在專訪文一開頭，便說張愛玲的來信，解釋了陳世驤喪事時，她正感冒，是撐著去的（所以沒待太久），又說這感冒持續了好一陣子（所以才沒跟水晶見面），在研究中心的工作要結束了，知道水晶六月中旬離開，於是總希望見上一面（大概是怕自己這話說了太多次都自己食言，於是趕緊補上一句），「已經病了一冬天，講著都嫌膩煩。」信末，張愛玲提出了邀約，約一個晚上請水晶來一趟。

水晶怎可能會錯過呢！

他等這一天很久了。

「這次她竟然意外破例，邀約我到她住的公寓去，自是令人興奮的消息。我撥了電話號碼，她很爽快地來接聽，並且決定了約見的時間是周末晚上七點半。」

「就這樣，我見到了張愛玲。」

有沒有感覺到，水晶是一步一步的，踏入張愛玲的布局?!

53

對不是張迷的人，張愛玲只是難搞的人

指張愛玲精明，也許有些張迷不服氣，會舉出其他反證，為張愛玲解釋，說她若夠精明，便不至於在與胡蘭成的婚姻上，那麼投入。又或者，她夠世故，就不至於跟陳世驤鬧那麼僵了。

這些解釋都有一定道理。

但任何一位精明的人，難道就沒有難得糊塗的盲點嗎？

同理，一位看似不在乎什麼身外之物的人，難道就沒有他極為在意的堅持嗎？

從與莊信正、夏志清的書信裡，可以看出張愛玲的抱怨，但這兩位的回信，相對含蓄多了。當然跟他們兩人與陳世驤的個人關係不錯有關，使得他們很難不顧慮回應的分寸。

但，我認為最關鍵的因素還是，他們兩人也熟悉張愛玲的性格，知道這場「摩擦、衝突」亦有張愛玲不得不承擔的責任。

但他們能「直接」跟心高氣傲的張愛玲直說嗎？

顯然是，不能。

我推測，正因為莊信正、夏志清有為難處，必定讓張愛玲感覺不耐，因而另闢蹊徑，找反擊的出口。這時，她想到了水晶。

夏志清對張愛玲於陳世驤過世後，寫給他的信，做了很長的注釋。為什麼呢？

我覺得他也有很複雜的心情。

他疼惜張愛玲，屢屢幫她找工作。陳世驤提供的研究職務，是他幫忙爭取的，他應該感謝陳世驤。偏偏，張愛玲搞砸了。

別忘了，夏志清的哥哥夏濟安也是在這工作上做到鞠躬盡瘁。他欠陳世驤一個人情，陳世驤也欠他一個人情。

所以，他如何能針對張愛玲的抱怨，多說什麼呢？

他只能在注釋中，這麼說：「陳世驤先後僱用李祁教授、先兄濟安、莊信正博士擔任此項研究工作。三人絕非趨奉拍馬之輩，但都比愛玲懂得些做人的道理，因之世驤對濟安情同手足，視信正同家裡人一般。」至於另一位李祁，夏志清雖不熟，但他推測李祁的新工作能那麼順利，陳世驤一定幫了很大的忙。

好了，問題是，夏志清繞了老半天圈子，他到底要說什麼呢？

他無非是要表達，張愛玲不懂做人的道理。

但，張愛玲真不懂嗎？

她在接待水晶時，超級懂的。不但招待懇切，還知道水晶剛結婚，特地挑了一瓶香奈兒香水當見面禮，轉送未見過面的水晶夫人，讓水晶受寵若驚。請問，此刻的張愛玲，不懂做人的道理嗎？

我的分析是，她懂，她只是特定對象的懂。

夏志清分析張愛玲與陳世驤的摩擦，除了做人處事的齟齬外，還特別提了一點，兩人是否相互欣賞？

陳世驤專攻中國古代文學與文學理論。對張愛玲的創作，「可能未加細讀」。於是，只看到她行為怪僻，而未「欣賞她的文學天才和成就去包涵她的失禮與失職」。

這婉轉的分析，一定來自於夏志清對陳世驤的了解。

這也點出了，我們認識「張愛玲傳奇」的一個盲區。對不愛現代文學，或不讀小說的人來說，張愛玲是無所謂的存在。

即便對研究（或喜歡）中國現代文學的人來說，張愛玲也可能不是他們的路數，因而他們並不在乎。

我在寫這一系列張愛玲的文章時，讀者的反應，便出現「她是誰？」或「我根本不喜歡她」的聲音。

但，對水晶，卻完全不同了。

張愛玲找上他，當作反擊自己所受委屈的窗口，完全是精明的盤算，而且出奇的成功。

54 張愛玲與水晶，那一夜，她／他們唱了雙簧

水晶在打造張愛玲傳奇上，扮演的角色，如同一位超級推銷員。

超級推銷員必須能言善道，一隻嘴滑溜溜。

水晶也像以前路邊茶館說書的先生，把要說的故事，提綱挈領，畫龍點睛，高低起伏，抑揚頓挫，掌握得非常精準。

如果說，張愛玲幾經盤算，找上水晶，是一種精明。

那，水晶粉墨登場「準備好了」，提搶上陣，發揮出超級推銷員的本領，更是一種成功行銷自我與產品的雙贏。

水晶先後寫了兩本張愛玲專論。

《張愛玲的小說藝術》、《張愛玲未完》。兩本書，前後隔了二十五年。

我為何，要特別強調了前後二十五年？

因為，前一本書，推波助瀾了張愛玲傳奇。後一本書，是張愛玲過世後不久，推出的。

時間之池，可以沉澱內在，可以映照外在。

藉由這兩本書，我們看到了超級推銷員水晶，自己的沉澱。

以一位鐵粉張迷，且又專攻文學批評的人來說，水晶扮演張愛玲傳奇的超級推銷員資格，可說再恰當不過了。

可是也正因為水晶太過鐵粉，二十五年前，他的推銷張愛玲手法，不免失之於感情用事。

所謂感情用事，可做二解：

一、他行文之間，太多溢於言表的推崇，或急切表達自己，使得這篇專訪，當下來看，固然令張迷們興奮。但對未必是張迷，只想更準確理解小說作者的讀者，則怕要皺眉頭。通篇文章，不免給人黏膩膩的感受。

二、又因為水晶自己接觸了文學批評的專業，很難避免的，在與張愛玲討論起她的著作時，便有了掉書袋的硬切入。不僅張愛玲頻頻不以為然，後來的夏志清亦深感有些對比的批評，亦失之於「不太相像」。

二十五年後，水晶重新回顧往事，自己也說「二十五年前，我有點強詞奪理地把〈爐香〉與亨利・詹姆斯的《仕女圖》相比。」

二十五年後，水晶更說了：「二十五年前，我尚是一位牙牙學語的文批（文學批評）墾荒者，『言必稱堯舜』，行文中忍不住要發揮一點書卷氣，甚麼神話、象徵、佛洛伊德、性的狂想、戀物癖、自然主義……亂引一氣，其實是心虛的反證。」

水晶的自我反省，其實也是突顯了學院工作的社群規範，以及這套規範內化之後的本能反應，動輒便搬弄理論來套用解釋現象。

張愛玲何等精明，她豈會不知？

我們若仔細回顧張愛玲的讀書清單，她看來對深厚的理論系統，是毫無興趣的。

而且，她看來應該讀過托爾斯泰的巨著《戰爭與和平》，且頗受到托翁的歷史哲學觀影響，認為影響事物的因素，並非單一線索，往往是七八種動力相互推擠拉扯。所以她才有筆下人物，多為「不徹底人物」的說法。

但張愛玲很顯然，不是一位理念型的作家。

因而，她在面對水晶的夜訪時，對水晶動輒自然主義、佛洛伊德、神話結構等語彙出爐時，不是「莞薾一笑」，便是「微微一驚，然後突然大笑」，再不然便是直接回答「當年我寫的時候，並沒有察覺到『神話結構』這一點。」

賓主之間，其實是有尷尬，有隔閡的。

可是，當場水晶並沒發覺。他仍繼續講。張愛玲也沒阻止他。

畢竟，張愛玲是要靠水晶打通一座橋，打通重回華人市場的一座橋，水晶既然興致勃勃，況且，多把她的作品附加文學批評的光采華麗，何樂不為呢？

於是，水晶繼續口沫橫飛地講，張愛玲繼續優雅微笑地聽。

那一夜，她／他們，唱了雙簧。

55 張愛玲搭上了文學新批評列車，有了現代性

水晶的〈蟬——夜訪張愛玲〉為何造成轟動？達陣了張愛玲原先有預期，卻很意料之外的訪問成功效果？

當然，這篇訪問，文情並茂，可讀性很高，是關鍵。

另外，張愛玲一貫的神祕，使得她在小說之外，並無太多的大眾露臉，因此一旦有大篇幅的報導出現，當然造成話題性。

而訪問刊登於「人間副刊」，當時最具分量的副刊，引領效應，當然也沒話說。

但，這篇訪談的受歡迎，依我的觀察，也有一個很特別的時代氛圍。

一九七〇年代初，台灣局勢從國民政府遷台，已經二十年了。雖說黨國體制的高壓仍在，但一定程度的安定發展，也造成市場上渴望讀到更多的作品。

左翼，或社會意識濃烈的作品，要嘛不是被禁（中國三〇年代作品），要嘛便是禁聲（台灣鄉土意識抬頭還要再等幾年），真空狀態下，張愛玲的傳奇有了空間與期待。

尤其重要的是，西方現代主義經過《文學雜誌》、《現代文學》的鋪陳，以及一票台大外文系作

家評論家的湧現，台灣讀者對文學作品可以經由文學批評，特別是「新批評」的解析，而奠定其品質的閱讀機制，已經可以接受了。

一九六〇年代後期，顏元叔掀起一股「新批評」風潮，他的長文〈新批評學派的文學理論與手法〉，在一九六九年分三次刊登於《幼獅文藝》，極為完整的介紹了「文本分析」所運用的方法。對習慣以印象式批評，來討論文學作品的中文世界，衝擊極大。

這衝擊，又可以從兩個面向解釋。

一、它提供了一種印象式批評，無法提供的拆解工具，可以對作品做極為細部的分析。於是，一時間意象啦、比喻啦、結構啦等等新鮮名詞彌漫，更增添了作品本身的深度感、神祕性。

二、台灣文學，或文化，在國民政府來台後，也跟著大時代背景，被收編進東西冷戰的大結構內，知識界基本上就是一切往美國看。科技知識，經濟思維，固然跟著美國的現代化理論跑，人文研究，社會科學，亦然全是美國系統的延伸。張愛玲的作品，一旦被納入新批評的詮釋分析，當然更加罩上迷人的「現代性」色彩。

所以當水晶運用他文學批評的手法，把張愛玲原本就膾炙人口的作品，附加上類似自然主義、神話結構、佛洛伊德、戀物癖等等分析詞彙時，台灣讀者不僅不以為忤，反而覺得很時髦，很新鮮。

但，畢竟水晶的採訪記，不是刊在學術期刊上，而是人文氣息濃厚的「人間副刊」。

於是，水晶也相當聰明的，或，不無炫耀的，運用他寫小說的功力，把整個訪談非常具有畫面張力、戲劇效果的呈現出來。

張愛玲也非常優雅而識趣的，任由水晶即興發揮。

但張愛玲的厲害，在於，她總在關鍵時刻，冷冷插入一句，或淡淡轉換話題。

例如，當水晶非常得意的，用所謂「神話結構」講他對張愛玲早期作品的分析時，講著講著，張愛玲說：「早年的東西，都不大記得了。」

「〈傾城之戀〉難為你看得這麼仔細，不過當年我寫的時候，並沒有察覺到『神話結構』這一點。」

很尷尬吧！

但或許張愛玲自己也覺得這樣回應，好像太～那個了。她不是有求於水晶嗎？於是，「她停了停又說，彷彿每個人身上，都帶有mythical elements的。」

這話題，神話結構，該停了，不是嗎？

56

透過水晶，張愛玲向中文讀者發了討拍文

現在回頭看「新批評」，當然覺得過時。

不過，就像我的老友，詩人學者孟樊在〈台灣的新批評詩學〉裡分析的，「新批評」儘管引進台灣時在西方文學理論界，已經是黃昏夕陽了，不過，往後七〇、八〇年代，甚至到九〇年代，新批評的影響仍在，例如：龍應台有名的《龍應台評小說》、簡政珍與林燿德合編《台灣新世代詩人大系》時，運用的仍是新批評的手法。

可見，「新批評」做為典範，已經退流行了，但做為分析文學作品的思維工具，仍具有一定的作用。

從新批評的角度，看「張愛玲作品」，其實非常好用。但，若要分析「張愛玲傳奇」，則明顯不足。

「新批評」之所謂「新」，乃在它拋棄過去印象式批評的籠統，關照整體視野，或動輒把作者生平做為解析作品的脈絡。使得作品本身獨立成美學個體的分析，被忽略了。

從這角度看，「新批評」不失為一種矯枉，但卻矯枉過正了。

張愛玲的作品，特別是她最膾炙人口的〈金鎖記〉，毫無疑問，極為適合「新批評」的分析。

透過「新批評」提供的解析手法，我們是有更細膩的視野，去理解張愛玲如何運用意象，去鋪陳曹七巧在陰鬱、充滿往事回音的老宅內，靜幽幽的，與漫漫時光在搏鬥。

甚至水晶在專訪中，也舉出〈第一爐香〉為例，當薇龍的姑媽梁太太出場，「面紗上爬著一粒寶石蜘蛛，後來薇龍進入宅第後，一抬頭望見鋼琴上面，有一棵仙人掌，……那蒼綠的厚葉子，四下裡埋著頭，像一窠青蛇；那枝頭的一捻紅，便像吐出的蛇信子。」

的確，唯有透過「新批評」的視角，我們才更能欣賞張愛玲的文字魅力，她善用隱喻、意象，鋪陳氣氛，暗示未來的布局能力。

但張愛玲是刻意嗎？

其實我們寫作的人會明白，有時候你也刻意不來。往往是寫著寫著，你順手便用上某種暗示某種隱喻，但絕不是事先預料的。

我常舉例，《紅樓夢》裡，賈寶玉在驟聞林黛玉病逝，氣血攻心，吐血昏厥，瀕臨死亡的邊緣，陰曹地府走了一趟，被陰司趕了回來。（那是一段精采的批判，在儒家文化下，你連殉情的權利都沒有！）

懵懵中，有人不斷喊：寶玉，寶玉，他睜開眼，一盞紅燈籠在他上方輕輕晃動，然後他看到四周焦急的親人，賈母、寶釵、襲人，就是沒有黛玉了。他輕輕嘆一口氣。

那燈籠，晃得多揪心啊～

這意象運用得多漂亮啊～悲戚，無奈，永遠的道別。

這是「新批評」的優勢。要我們注重文本本身的美學。

但，麻煩來了。

張愛玲作品，沒問題，有些絕對經得起「文本分析」。

但，也有些，並不成功，甚至失敗，可是為何讀者仍舊著迷?!

這就無法從「新批評」得到解答了。而弔詭的，必須回到張愛玲這個人，與她的生平去了解。

水晶雖然愛掉書袋，但他夜訪張愛玲時，確實敏銳地運用了「張愛玲傳奇」的好奇處，不斷地問非關作品的問題。

問她的平常閱讀。

問她的起居飲食。

問她的某些作品與現實生活的關聯。

問她對五四以後作家的印象。

問她對台灣作家作品的接觸。

當然，水晶也用他的眼睛，描述了張愛玲出奇的瘦。房間擺設的簡單。迎面落地窗外的法國梧桐樹。眺望舊金山夜景的窗口。廚房沖泡咖啡的動作。以及，這樣的張愛玲傳奇人物，竟然對自己作品的憂愁：「她說感到非常的 uncertain（不確定），因為似乎從五四一開始，就讓幾個作家決定了一切，後來的人根本就不被重視。」

57 水晶以為的第六感，其實是張愛玲牌局

透過水晶，張愛玲成功的傳遞了訊息。

她表達了自己並非不了解中共統治下的中國。她曾以梁京為筆名，寫過《十八春》，就是後來的《半生緣》。這意思是，反駁了陳世驤解聘她可能招來的不適任之譏。

透過水晶，張愛玲也更加確信，她在華文市場當時最大宗的台灣，確實有很大空間。

為何我說她透過水晶，是在發「討拍文」呢？

因為她明明知道，她在中國現代小說史上，已經有一席之地了，而且遠遠超過許多她曾經感興趣的作家，例如：丁玲。但她仍然要說，她「不確定」自己的地位。

以我對張愛玲的了解，她絕非謙虛，也絕非沒自信，她根本是一種反操作：我說我沒有把握自己的文學地位，你們張迷，相信嗎？

至少，她眼前那位，有程度，能寫小說，能寫深度文學批評的水晶，當場就表示了不以為然的態度！

那是一場效果絕佳的訪談。尤其，在「人間副刊」上刊登後。

而且，水晶根本不知道他是張愛玲當時手中的一張牌！

我不是很確定，後來的水晶，知道了當時張愛玲找他的用意嗎？

水晶在〈蟬——夜訪張愛玲〉之前，先寫過一篇〈尋張愛玲不遇〉，講他如何依約去按了門鈴，如何被拒絕於門外，又如何幾經聯絡，始終沒有等到回應，等等。

這篇文章發表於香港《明報月刊》後，水晶的指導教授陳世驤看了，「斥之為無聊！」說無聊，也真滿無聊的。

一篇講拜訪不遇的文章，既然都不遇了，還有什麼好寫的？

寫的人，無聊。刊的雜誌，不是也挺無聊的嗎？

但，有趣就在這。

它平添了張愛玲「傳奇」的一頁。

連「不遇」都有文章可作，這不是「傳奇」嗎？

其實，水晶的這篇〈訪張愛玲不遇〉，也許是預告了張愛玲終將被「當成傳奇」看待的開始。

因為往後，多年後，還會有人專程在張愛玲住處旁租屋，專程收集張愛玲的垃圾，做垃圾分類，寫成報導！是不是，更變態呢！

我們如果回顧張愛玲與陳世驤的關係，不難理解陳世驤為何斥責這是無聊之舉。

學界中人，只看你的文本成就，不看你的人身傳奇。這也許也間接解釋了張愛玲與陳世驤的不合。

一位注定是傳奇，一位只能是學者。

但水晶也顯然沒有因為陳世驤是他指導教授，而迴避了他做為張迷的本分。他繼續迷張，才有後來陳世驤過世，張愛玲找他的獨特際遇。

若沒有這一段，水晶即使張愛玲研究做得再好，也不過是之後研究張愛玲小說的人，用來參考引注的一個名字而已。所以，水晶誤打誤撞，成了張愛玲的對外窗口，也因緣際會，成了後人要了解張愛玲的少數窗口之一。

人間事，是不是豈有定數呢？

但，水晶在前後隔了二十五年之間，的確因為自己的成長與閱歷，對張愛玲有了一些化學變化的認識。

在《張愛玲未完》裡，有不少線索提供我們，側寫了「張愛玲傳奇」的面向。水晶反省自己當年，「亂引一氣，其實是心虛的反證。」而二十五年後，則是多年累積的心得。而二十五年後，水晶更坦白的點出，《秧歌》寫得很失敗，當初「在諸名家的大力吹捧下，的確產生了眾口鑠金的作用」。

二十五年後，水晶似乎還沒有機會看到莊信正、夏濟安等人的書信集，因而始終搞不清楚，張愛玲為何找上他？

「至今我猶未能全然打開疑團來。唯一差強人意的解釋是：第六感豐富的她，預知這個人，將來一定會寫出許多有關她作品的文章。」

我們比水晶幸運，我們看到了夏志清、莊信正的書信集，我們知道張愛玲哪裡是「憑第六感」呢？她根本是精打細算之後的布局。

但水晶既然是徹頭徹尾的張迷、張痴，他即使知道了為何被找去，應該也不介意自己被利用吧！

58 張愛玲生平僅有的一次台灣行

台灣是張愛玲的福地。

沒有台灣，應該不會有「張愛玲傳奇」。

張愛玲的小說成就，與台灣無關。但張愛玲的「傳奇化」，跟台灣大大有關。

然而，張愛玲終其一生，僅僅到過台灣一次。

那次，還是她相當落魄的時刻。

我們不妨再從水晶談起。

水晶雖然終於一遂了親訪張愛玲的美夢。不過在那之前，他可是很羨慕一個人的，那人是道道地地的台灣囝仔，小說家王禎和。

因為在水晶到美國念書，有機會拜訪張愛玲之前，他很羨慕王禎和竟然在台灣見到了張愛玲！不但見到，還陪著張愛玲到他的故鄉花蓮旅遊！不但一路相陪，張愛玲甚至還住到王禎和的家裡！

對一位鐵粉張迷的水晶來說，如何不羨慕得要死呢！

張愛玲即使後來靠台灣替她出版最早的全集，也靠台灣的讀者熱烈反應對她的喜好，而逐漸在一九七〇年代中期以後改善了她的經濟狀況，使得她不必再東奔西跑，四處謀求可以短暫安定一年或兩年的工作。

但，她這一生，只到過台灣一次！

很不可思議吧！

她為何只來台灣一次？

那一次所為何來？

她見了誰？

台灣對她有意義嗎？尤其在那次之後，為何以後她就沒有任何再來的念頭呢？

張愛玲從上海出走香港後，一心一意，只想往美國發展，包括出版英文小說，在美國的大學或研究機構找工作。

台灣，從來不在她的規劃中。

我推測，雖然張愛玲不是一個對政治感興趣的作家，但她對共產黨沒好感（不然不會出走），她對台灣的國民黨應該也沒什麼特別的感覺，因而並沒考慮來台灣發展。

但，她為何要來那麼一趟？

她自己的說法是，「我回香港去一趟，順便彎到台灣去看看。」

只是要去香港，順道到台灣走走。

她用的詞彙是「回」香港一趟，但事實上，當時她已經在美國定居了，嫁給賴雅了。

去香港是「回」，到台灣是「順便彎到」，可見，張愛玲對香港的感情，是遠遠超過台灣的，在當時。

那次她去香港，意圖很清楚，為了賺錢。

宋淇夫婦幫她安排了一些寫電影劇本的機會，特別是她大感興趣的「紅樓夢電影」。

但，到台灣幹嘛呢？

當時張愛玲在台灣還不算「傳奇」，也沒有聽說有寫電影劇本的邀約。

但為何她要到台灣？

張愛玲從來沒給過答案，我們只能從各種線索去推敲。

張愛玲到台灣是一九六一年秋天。

她回美國後，寫了一篇英文遊記，一九六三年三月二十八日刊登於《The Reporter》雜誌，標題〈A Return to The Frontier〉。

中文版出土得很晚。

是在二〇〇七年才在遺物中被找到。看來應該是一九八〇年代，張愛玲自己以中文撰寫的，但並未發表過。題目就叫〈重訪邊城〉。

邊城的意思，比較好懂。是指香港、台灣。是指這兩地，都在中國之邊疆。

但「重訪」二字，不那麼精準了。

香港是她第三度前往，是重訪，沒疑義。

但台灣，她第一次去，何謂重訪呢？

勉強的解釋，是她在香港淪陷於日本之手後，她要回上海。搭輪船，為了閃躲空襲，輪船採取迂迴行進，經過了台灣南部的外海。張愛玲曾經在甲板上，眺望這座「宛如國畫的美景」。

不拘泥文字的話，張愛玲的台灣行，到底在她生命中留有怎樣的光影呢？

至少，對王禎和來說，那年他大二，他可留下一輩子難忘的倩影呢！

59

張愛玲低調台灣行，背後的美國影子

我們現在知道了，張愛玲一九六一年來台灣，那個「順便彎到」台灣，可能也並不是那麼順便。

張愛玲到台灣，接待她、安排她住宿的，恰恰是張愛玲在香港時，欣賞她小說，並為她安排《秧歌》、《赤地之戀》英文版出版的美新處官員麥卡錫。

張愛玲在〈重返邊城〉裡，很多輕描淡寫之處，都留下我們可以探幽的線索。

張愛玲的台灣行，很低調。

可能有兩個原因。

她當時畢竟還不算超級明星作家。知道她的讀者，還僅限於很文學的族群。

另外，她嫁給「文化漢奸」胡蘭成的事，在國民黨統治的台灣，知道底細的人不少，她應該也不想再起波瀾。

但，當時的《民族晚報》，還是在她離境轉香港後，發了一則新聞。說她來台，探視親人。這才讓水晶事後調侃王禎和，說「你就是那個親戚」。

為什麼是王禎和？

這問題，有趣。

但背後突顯的，美國勢力的介入與影響，則是冷戰時期，另一個大形勢的縮影。

我們不妨把幾個線索，統統都攏在一起，比較容易看清楚。

美國新聞處麥卡錫安排張愛玲的住宿接待行程，而麥氏正是張愛玲在香港接受「今日世界出版」翻譯工作的安排者。也是他幫忙喬《秧歌》的英文版出版社的，更有很大可能，是《赤地之戀》幕後的那隻手。

張愛玲來台後，有個聚餐，出席的都是《現代文學》的重要成員與作家，包括殷張蘭熙、白先勇、王文興、陳若曦、歐陽子等等。東道主應該就是麥卡錫！

這猜測有無邏輯依據呢？

有。

王禎和自己給了回答這提問的線索。

王禎和回憶那年他是台大外文系二年級學生，白先勇、王文興等人辦《現代文學》。麥卡錫是台北美新處處長，「他很喜歡文學，《現代文學》出版時，他訂了七百本。他選了白先勇、王文興、歐陽子、我的小說各一篇，請殷張蘭熙翻譯成英文，書名為《New Voices》，封面是席德進畫的一幅少女像。」

麥卡錫在香港負責提供流亡香港的中國知識分子、文化人，可以寫作、翻譯、出版的機會。他到了台灣，顯然還在做同樣的工作。

從「文化霸權」、「文化論述」的角度看，麥卡錫一方面是在鞏固宣揚以美國價值為主體的西方價值，另一方面則是收編傾向美國的知識文化精英。這是一場規模龐大、曠日持久的文化戰略，我們若放大視角觀察，會發現當時不只文學界被納編，藝術界何嘗不是？「現代主義」、「當代藝術」等風潮，正是在那階段一波又一波的席捲而來。

王禎和提到的畫家席德進，就是一個美新處大力支持的台灣現代畫家。其實何止他一位呢？張愛玲的台北行，台北導遊就是席德進，花蓮導遊就是王禎和，很巧嗎？一點也不，根本就是美國新聞處的操盤。

但，張愛玲的花蓮之行，還另有一番文學的因緣。

張愛玲來之前，讀了那本麥卡錫編的《New Voices》，讀了王禎和被收進去的一個短篇小說〈鬼．北風．人〉，對小說背景的花蓮起了興趣，要求有機會去花蓮看看。

麥卡錫便請王禎和陪著張愛玲，去了一趟花蓮。

張愛玲眼中的台北、花蓮，還有台灣，絕對不是她很有感情的「祖國」，雖然語言讓她很有親切感。

張愛玲沒對外人說的是，她此行還有一個祕密任務，就是要探訪一位「超級歷史人物」，她想以他為題材，寫一部英文小說！

60

張愛玲的《少帥》，始終無法變身〈傾城之戀〉

張愛玲的台灣行，雖是「順便彎到台灣」，但她心中確實存了一個念頭，如果可能，能不能去見見張學良呢？

沒錯，就是那位「西安事變」的要角張學良。

他在事變告一段落後，親自送蔣介石回南京，浪漫的以為，可以戴罪立功。

但事實是，他被軟禁了。

經過抗戰，經過國共內戰，他從被軟禁在大陸，再渡海來台，被軟禁在台灣，先後待過北投、新竹五峰。如今，這兩個地方，都有以他之名的旅遊景點。

但答案很明確，張愛玲沒有見到張學良。

如果當時送蔣介石回南京的張學良很天真，那後來到台灣以為可以見到張學良的張愛玲，也實在很天真。

張學良雖然是名副其實的軟禁，行動基本上有一定的自由。但，蔣氏父子是不可能讓他輕易與外人見面的，何況還是一位海外來的作家，想跟張學良見面，怎麼可能？見不到張學良的張愛玲，並沒放棄寫張學良。

她後來在書信中，數度提及她想寫一位軍閥的故事。但終其一生，這本書都沒完成。

「皇冠出版社」後來出版張愛玲的《少帥》，就是一本未完成的著作，是從英文遺稿翻譯成中文的。

因為是譯稿，中文風采當然失去張愛玲的風格。只能當作是研究張愛玲英文小說創作史的參考了。

這本英文小說張學良，為何沒有完成？《少帥》一書，除了蒐羅英文殘稿，並翻譯出來外，還收了一篇馮晞乾的〈《少帥》考證與評析〉，把張愛玲構思《少帥》的種種線索都彙整起來，依時間的軸線，加以比對，讓我們看到張愛玲從興致勃勃，到逐漸觸礁、擱淺，再到意態闌珊的整個過程，非常精采。

簡單講，張愛玲想寫一個歷史小說。有軍閥張學良，有與他糾結難解的蔣介石、宋美齡，有因為被長期軟禁而成全一場愛情的趙四小姐。

但又因為張愛玲要採取「隱晦影射」的手法，(這顯然是來自《孽海花》對她的影響)，可是民國史上難分難解的歷史事件與民國人物，她又難以避開，造成了她在與宋淇夫婦的通信中，再三的提及，西方出版社對充斥這些西方人並不熟悉的人名，感到困惑，毫無興趣。造成張愛玲持續寫完的障礙。

但張愛玲自己說了，她最初的構想，很像〈傾城之戀〉，一場戰爭，成全了白流蘇的愛情。同樣，一場軟禁，成全了趙四小姐的愛情。

聽起來浪漫，但英文讀者，若不熟悉中國現代史，不容易欣賞這份傾城之戀。而中文讀者呢？又太熟悉張學良、蔣介石、宋美齡。即便是影射式的寫法，中文出版社亦不敢輕易嘗試。

張愛玲寫的初稿，曾讓麥卡錫、讓英文出版界的人看過，他們給的評語是，歷史太混亂，人名太複雜。

這種挫折，必定糾結了張愛玲好些年。

她在一九六八年的〈憶胡適之〉一文裡，自己說了，《海上花》裡的人名來來去去，譯成英文名字後，連性別都看不出來。中文名姓的「三字經」式英文，連看幾個後，西方人頭都昏了，「不比我們自己看著，文字本身在視覺上有色彩。」

這是張愛玲無法完成《少帥》的障礙。

這又讓我想起了張愛玲的「林語堂情結」。

張愛玲何以動念要寫張學良？也許，是覺悟到，與其憑空創造虛構，在英文世界不吃香，為何不跟林語堂一樣，依據歷史事件來鋪陳小說呢？

如果這推測有點道理，那張愛玲顯然又掉進另一個麻煩，她其實是很不擅長鋪陳複雜結構的長篇敘事。

她以為的終身軟禁成全了趙四小姐一段愛情的比喻，放在中篇的《傾城之戀》很精采，但放在複雜的現代史裡，《少帥》則處處是淺灘，是暗礁了。

61

難怪《少帥》失敗：張學良遠比范柳原複雜，趙四也非白流蘇可比！

張愛玲原來設想，以張學良終身軟禁，成就趙四小姐的愛情，當一個英文長篇小說來寫。她的構想，無疑是把這段史實，變身〈傾城之戀〉的現實版，民國真人版。但這構想，交纏於心，多年後終於放棄。

這是我們探索「張愛玲傳奇」裡，關於她的小說成就時，不得不面對的一個尷尬，也是張愛玲終其一生，似乎想克服但始終未能克服的一個障礙。

張愛玲確實長於中短篇小說與散文，而略遜於長篇小說。

如果以〈傾城之戀〉為例，虛構出白流蘇與范柳原的戀情。一位富二代花花公子，一位見過世面的離婚女子，兩人本來陰錯陽差，交會你我於一瞬間，范柳原的想法納妳為情婦也算有所交代，白流蘇的懸念既然如此總比待在娘家受氣好。沒想到一場戰爭，日軍攻陷香港，傾城之亂卻成全了一場戀情的廝守。未來如何，無所謂。小女人的情愫，能日夜相守，點蚊香過日子，一切都好。

但，張學良與趙四，哪能這麼簡單呢？

張學良，東北王張作霖之子，年少風流，意氣風發，頗有三國演義裡，周瑜的風采。何況他遠比周瑜強的是，他根本就是少主少帥。

他心懷父親被日本關東軍炸死的家恨，他懷抱東北老家被日本占領的國仇。他是一個花花公子，他也是一個手握重兵的軍閥。

他兵諫蔣介石，為在延安苟延殘喘的共產黨，爭取到發展的契機。

他浪漫送老蔣回京，從此軟禁一生。

陪伴他的趙四小姐，無怨無悔。終於因為軟禁而等待到她與少帥的終生盟約。從小三到正娶，熬出的，是英雄氣短，是美人在側。

張愛玲的遺稿，看來是想把西安事變前的歷史夾纏，大略敘述過，再採取很像《孽海花》的人物影射，《海上花》的筆法，透過瑣瑣碎碎日常細節，飲宴作樂人際交談之間的漣漪，來交代、暗示，歷史事件的鋪陳。

然後，一如〈傾城之戀〉，把男主角女主角的情定一瞬，相互依賴，當成小說的收尾。

換句話說，彷彿前面的一堆大事件，無非是為了成全那小女子的一點愛情的渴望。

但，看過《少帥》遺稿的人，恐怕都要質疑，會不會太一廂情願了?!會不會剪裁歷史，剪裁得太過？尤其老外，怎麼會懂?!

於是，這時，我們便不能不注意，張愛玲的困境。

她的〈傾城之戀〉，故事並不複雜。

張愛玲的長處，向來不是敘事上的折疊曲折，而是人心的光影晃動與人際曖昧。尤其，張愛玲的文字，充滿意象，充滿顏色，放在短篇精緻的小說裡，完美無缺。然而，在長篇裡，這樣的文字風采，仍須被放置於前後呼應的結構中，才不至於顯得拖沓，沉滯。

我們讀《少帥》遺稿，不禁會皺眉，因為這一段她在之前哪一篇裡寫過，那一段又彷彿跟某一篇很類似。

尤其，張愛玲是把《少帥》要寫成〈傾城之戀〉的加長格局版，因而我們就更加感覺，《少帥》裡盡多是〈傾城之戀〉的挪移。

比方說，少帥的風流倜儻，很像范柳原。

比方說，從周四小姐（即趙四小姐）的敘述者角度發展故事全貌，也是白流蘇的視角。

比方說，少帥與周四兩人獨處時的話語調情，完全是白流蘇與范柳原的翻版。

甚至啊，連點蚊香，連少帥帶周四到他祕密布置的小窩約會，無一不像〈傾城之戀〉。

但，坦白講，翻譯出來的文字，沒有〈傾城之戀〉出色。小說的張力，亦遠遜於〈傾城之戀〉很多。

而欲蓋彌彰的民國名人，真的，對西方人來說，很難引發興趣。難怪，幾經挫折，張愛玲也就不再費心完成它了。

少帥遠比范柳原複雜，趙四也非白流蘇般單純，張愛玲寫不下去，可以理解！

62 張愛玲的「台灣」，是怎樣的台灣呢？

張愛玲的台灣行，想見張學良的心願未達陣。

不過，她寫下的〈重訪邊城〉，倒是意外引發我的好奇，到底在她心中，「台灣」有怎樣的位置或分量呢？

張愛玲離開中國，到香港，不意外。

她戰前是在香港大學讀書，共產黨接手中國後，她離開上海的理由，也是重返香港完成學業。

她到了香港知道復學無望。單單維持生存，都很辛苦。

她透過美國新聞處的協助，出書、翻譯，甚至還以難民身分取得到美國的資格。

她為何沒選擇台灣？

我們不太能以後見之明去講她，她一定沒料到，「張愛玲旋風」竟然從台灣颳起！

那時代，不少人一方面覺得台灣風雨飄搖，也不安全；另方面，有不少知識分子，對國民黨並沒太多好感。如果可能，能去美國當然是首選。

張愛玲看來也做如此思考。

但韓戰之後，美國介入台灣海峽，台灣局勢穩定。漸漸的，文化事業也開始落地發展，台灣逐漸成為華文市場最穩定的一塊。張愛玲的舊作，逐一在台灣出版。

張愛玲的台灣行，除了《少帥》一書的構思外，應該不無一探台灣市場的念頭。

她的來台雜記，透露不少有意思的時代氛圍。

《民族晚報》披露她來台的新聞時，報導內容便呈現了當時「國族想像」與「現實處境」的尷尬。

記者一方面稱張愛玲「回祖國探親」，但行文間，又動輒把台灣跟香港並立，說張愛玲準備從台灣去香港，又說張愛玲未到台灣之前，香港的電懋影業知道她即將到祖國觀光探親等等。

我們如今讀那份一九六一年十月二十六日的報紙，會感覺精神錯亂，到底祖國跟台灣怎麼區分？這個「祖國」、「台灣」，對張愛玲而言，會不會很奇怪？

張愛玲的〈重訪邊城〉就是一篇標題難以涵蓋的遊記。香港、台灣，位處中國之邊陲，「邊城」可以理解。但，香港於她，確實是重訪，台灣她卻從未到訪過，何來重訪？

英文的〈A Return to the Frontier〉，以及後來被發現的張愛玲親撰的中文稿〈重訪邊城〉，兩篇文章並非直接的翻譯。英文版裡，面對「祖國」，張愛玲有比較直接的反應，而非中文版的曖昧。

中文版：麥卡錫接待她時，劈頭問她：「回來覺得怎麼樣？」張愛玲的回答，令人困惑難解。她說「怎麼都還在這兒？當是都沒有了嘛！」然後，她描述了機場旁的廟，講了她從沒到過台灣，只有從香港回上海時，躲空襲，在海上迂迴前進，途經台灣南部，遠遠望見台灣的山嶺蔥翠之美。

英文版：同樣的問題，張愛玲的回答則饒富意味。「儘管，我從來沒到過這裡，他們仍然沿用官方的說辭，台灣就是中國（Formosa is China），是祖國。」

張愛玲繼續在英文版裡說，「我環顧機場（松山機場）人群，它確實是中國。不是十年前我離開的由共產黨統治的陌生的中國（strange one），而是我最熟知的，認為已經消失的中國。」「四周充斥講中文的聲音，明顯跟香港不同。」

張愛玲用了一句很有趣的英文，描述了她當下的時空困惑：「A feeling of chronological confusion came over me.」

是啊，張愛玲已經離開了她的祖國她的故鄉，中國上海。也不在她相對熟悉的講廣東話的香港。卻是在她決心往美國發展，要英文創作的時刻，突然降臨一個四處講中文的環境裡，她怎麼不感覺這是一個時光序列上的困惑呢？

台灣是祖國嗎？祖國又在哪裡？

她還不知道的是，台灣將是「張愛玲傳奇」的基地。

63

王禎和二十五年後，仍記得張愛玲吃木瓜的樣子！

談張愛玲與台灣的關係，其實存在著一種中國現代史的尷尬，也存在著「張愛玲傳奇」與台灣特殊的緣分。

我還是深深以為，沒有台灣，就不會有「張愛玲傳奇」！

從〈重訪邊城〉的內容看，張愛玲不無以好奇、新鮮的角度，看台灣。

畫家席德進帶她看了台北的廟宇，巷弄裡的日常民居。

王禎和帶她去花蓮，看了原住民的文化（當時叫山地文化），看了提供給觀光客看的表演，還看了當地的妓女戶。

遊記不經意的透露出，當時的酒家文化，都有很大中國的特色，特種營業的女人普遍穿旗袍。

遊記也注意到，東部特種行業裡，輪廓深刻的美麗山地女孩。

張愛玲還跟美新處大力支持的《現代文學》年輕作家們聚餐。

但從幾方參與者後來的回憶看來，印象都很一致，張愛玲話很少。

這很符合我們對張愛玲的認識。在陌生的環境裡，陌生人面前，她是很不善言辭的。她被崇拜，但她並不想當導師。

這群人裡，情況特殊的，是王禎和。

他陪張愛玲回他的故鄉，花蓮。

因為張愛玲讀了他的小說，想去花蓮看看。

張愛玲就住在王禎和的家裡。

王禎和為我們留下了一些關於張愛玲居家生活的畫面。她也是會化妝、會做保養的女人。穿著雖然輕便，但在當時，尤其在花蓮，張愛玲所到之處，她的穿著打扮，依舊非常引人注目。

張愛玲還跟王禎和母子，三人在照相館拍了紀念照。

看來，王禎和真是比其他《現代文學》的作家幸運，張愛玲與他在行程中，有多次的交談，當然也談了一些文學的話題。

王禎和在多年後，回憶當時，「只要說到她的寫作，她總是輕描淡寫，避而不談。」

你會覺得張愛玲姿態高傲嗎？

也未必。

因為她讀過王禎和的小說〈鬼．北風．人〉、〈永遠不再〉，所以閒談之間，張愛玲也對王禎和的小說，給了她的意見。

當時大二的王禎和，對張愛玲的意見，是很當一回事的。

張愛玲對他說，關於〈永遠不再〉，「你相當有勇氣，山地生活這麼特殊的背景，你敢用意識流的手法。意識流通常是用在日常生活，大家熟悉的背景。她一語驚醒我，從此以後再也不隨便新潮、前衛了。」

張愛玲對〈鬼．北風．人〉則批評了結尾部分處理不當，但故事是吸引人的。

這部分的影響是，王禎和曾經刪掉結尾。但後來又恢復。以至於，我們後來看到王禎和這小說，是有兩個版本的。

在張愛玲的花蓮之行中，白先勇託王禎和帶了一套《現代文學》雜誌送張愛玲。但張愛玲嫌重，於是沿途一本一本看，看完再還給王禎和。

王禎和像崇拜女神一樣的，在二十五年後，這樣回憶張愛玲邊讀雜誌邊吃木瓜的神情。

「我還記得她在我家，捧著木瓜用小湯匙挖著吃，邊看《現代文學》，神情模樣那麼悠閒、自在。二十五年過去，那姿態我居然記得那麼清晰，就覺得她什麼都好，什麼都美。」

儘管，王禎和自己後來也是台灣文學史上的一號人物了，但他回憶張愛玲，仍像一位大學生的初戀一般，甜蜜羞澀。

儘管他仍強調：「張愛玲是作家，不是明星，大家關心的是她的小說，不是她的起居注。」

然而，弔詭的是，王禎和自己受訪的回憶，不是仍對張愛玲邊吃木瓜邊讀《現代文學》雜誌的畫面，印象深刻嗎？那不就是飲食起居注嗎？

難怪，當時的水晶，羨慕得要死！

王禎和、水晶，都在「張愛玲傳奇」中，有意無意的，插上了一腳。
台灣確實是「張愛玲傳奇」的寶地。

64 七〇年代文學市場，非鄉土即張胡！

張胡？張愛玲你服氣，但胡蘭成怎麼也在名單上呢？

張愛玲就那麼一次台灣行，此後再沒踏上這座島嶼。但這座島嶼對她，則愈來愈感興趣。

羨慕王禎和的水晶，後來去美國留學，去夜訪張愛玲，為張愛玲在上世紀七十年代的傳奇風，打響了一炮。但王禎和後來並不羨慕水晶，因為他說他比水晶幸福，「看到了張愛玲青春的一面」。

張愛玲雖然未再踏上台灣一步。不過，台灣卻沒有從她的生命地圖上消逝。因為，張愛玲的舊作，一本接一本出版。改善了她的經濟狀況，得以不再四處奔波，送申請書找短暫的工作。

也因為，張愛玲的名氣重回台灣，曾經令她困擾過的，嫁給「文化漢奸」胡蘭成的往事，又將在台灣，被提上新聞的版面了。

七〇年代是台灣本土意識逐漸要昂揚起飛的階段。七〇年代中期以後，波瀾壯闊的鄉土文學運動，將蔚為風潮，推動台灣的文化新典範。但弔詭的是，那年代，卻正是「張愛玲傳奇」開始襲捲之際。

書寫《台灣新文學史》的陳芳明教授，自己就說他是在七〇年代初，讀張愛玲的。他也更正了一般說法，七〇年代「非鄉土即張」的說法，而改用「非鄉土即張胡」，張當然是張愛玲，胡則是胡蘭成。

為何會這樣呢？

我自己試著來做一點觀察與分析。

七〇年代，台灣已經安定了二十餘年。戰後出生的一代，多在二十出頭之際了。他們對現況逐漸不滿，渴望改變。

現代化思潮是當時學界主流，但當時的現代化亦渴望與本土接軌，只是當時的口號是西方學術的中國化。

如同長期以來的「祖國」或「自由中國」一樣，「中國化」不都是在「台灣化」嗎？只是七〇年代，中國與台灣，常常是交錯的語彙而已。

但無論如何，在本土意識要抬頭之際，張愛玲以一個完全與本土無涉的四〇年代作家，異軍突起，確實是當時文化界的奇葩。

威權統治的國民黨政府，禁絕三〇年代左翼作家，連帶滯留中國大陸作家作品亦一併禁止。日據時期的作家也在被禁之列。

台灣在七〇年代之前，文學市場是非常「乾淨健康」的，當然也非常單調。於是《文學雜誌》、《現代文學》，標舉現代主義思潮，乾脆高呼向西方移植，向西方取經。

張愛玲是四〇年代作家，作品完全脫離政治時空，文字意境獨創風格，在真空狀態下，或政治檢查夾縫中，像北地冰霜中突然於你窗口跳出的花蕊，怎能不令人驚豔驚喜！

想想看，力推鄉土寫實，對現代主義撻伐不遺餘力的「大俠」唐文標，自己都是張迷！豈不是很大的弔詭或諷刺嗎？

而偏偏，唐文標就是七〇年代，「張愛玲旋風」很重要的推手。他研究張愛玲的書，原先書名《張愛玲雜碎》，可以看出他愛憎糾結下的某種不情不願的尷尬。孰料，這書竟暢銷！後來乾脆把書名改成《張愛玲研究》。

張愛玲自己對唐文標的評論，以及蒐羅她作品，研究資料的作法，是很不以為然的。在與夏志清、宋淇夫婦的通信裡，情緒溢於言表。特別是，對她一些不滿意的舊作，被挖掘出土，尤其非常在意。

但，「張愛玲傳奇」已經在台灣這塊，她既不視為「祖國」，也不想久留的華人土地上，醞釀成風了。她能怎樣呢？

更糟的是，她內心深處，想忘掉的某個人，某段記憶，即將在台灣這島嶼上，繼續糾纏她！助長「張愛玲傳奇」的傳奇色彩！

胡蘭成又要登場了！

65 張愛玲：叫我漢奸，莫名其妙！

一九七〇年代初，「張愛玲旋風」逐漸在醞釀之際，胡蘭成也動作頻頻了。

自從張愛玲決心跟胡蘭成分道揚鑣後，兩人就在各自的世界裡前行，互不瓜葛。

但與胡蘭成的一段感情婚姻，對張愛玲而言，不僅僅是一再被胡蘭成周旋於女人世界而心靈上受創，更是離婚之後，屢屢因為胡蘭成的「文化漢奸」之名，而被一再牽連。

張愛玲為何從香港選擇難民身分去美國，而不到台灣，多少跟這層顧慮有關。

而她之所以一九六一年可以有台灣行，除了美國新聞處的邀約作保之外，應該也跟她之前寫了反共意識鮮明的《秧歌》、《赤地之戀》不無關聯。

某種程度上，她等於為自己以反共而漂白了！

張愛玲在淪陷區上海，與胡蘭成的交往，未必構成她「也是漢奸」的污名。

但直到「張愛玲旋風」在一九八〇年代，從台灣，從海外市場，席捲回中國大陸之後，批評張愛玲是「附逆漢奸」的聲音，並非沒有。甚至一直延續到二十一世紀的現今！

可以想見，在一九五〇、六〇乃至七〇年代，張愛玲對這「漢奸」的污名，會有多麼在意了。

我們現在在張愛玲幾個版本的全集裡，是看不到了，但一九四七年《傳奇》增訂版，張愛玲在〈序言〉中，打破沉默，對「文化漢奸」的指控，做出回應。

「我自己從來沒有想到需要辯白，但最近一年來常常被議論到，似乎被列為文化漢奸之一，自己也弄得莫名其妙。我所寫的文章也未涉入政治，也沒拿任何津貼。」

這序文中，提到的時間點「一年來」，約莫是一九四五、四六年左右，因為日本戰敗，國民政府接收淪陷區，清算漢奸成為戰爭責任的追究之一，文化漢奸亦在清算名單內。

一九四五年八月，重慶就有「中華全國文藝界抗敵協會總會」，組成了「附逆文化人調查委員會」，一共十八人，組成分子包括了老舍、巴金等人。

就在這個氣氛之下，殺氣騰騰，殺到了張愛玲。

一九四五年底，上海突然跑出了一本司馬文偵的《文化漢奸罪惡史》，裡面赫然有張愛玲的名字！

罪名是什麼呢？

說她在汪偽政權支持的刊物上投稿。這大概是最大的罪名了。當然，她與胡蘭成的婚姻，免不了要被提上一筆。

當時，胡蘭成早就改名換姓，躲到鄉下避禍了。而張愛玲卻一直待在上海。

如今回頭看，當時氣氛儘管肅殺，但最終，並沒有把「漢奸」的罪名，真正套在張愛玲的身上。張愛玲也便在上海，繼續待下去，待到改朝換代，待到她深深感受到對她的創作，對她的特立獨行，確實有所威脅之後，她才決意要離開了。

然而，直到一九八〇年代，「張愛玲旋風」颳回中國大陸，大陸逐漸興起探索張愛玲文風、張愛玲故居、張愛玲的老上海等熱潮時，張愛玲是否是「文化漢奸」的爭議，仍舊持續爭辯到二十一世紀之後！但，中國大陸始終不能平心對待張愛玲的著作，尤其是《秧歌》與《赤地之戀》。

張愛玲的「文化漢奸」之爭，在台灣，並非沒有起過漣漪。但她的確因為《秧歌》，因為《赤地之戀》，取得了胡適的肯定，取得了夏志清正典化的定位，而打開了通往台灣的大門。

不過，她心頭最憂掛的，仍是那位「文化漢奸」，時不時打著與她有過一段的招牌，招搖過市。

66

胡體，紅極一時，靠的是朱西甯文學家族

為什麼寫《台灣新文學史》的陳芳明，要說一九七〇年以後，「非鄉土文學即張胡」呢？

胡蘭成何以在「文化漢奸」之名下，又在七〇年代中期，於台灣有翻身的機會呢？

胡蘭成在一九七〇年代之前，從中國逃離後，便僑居日本，娶了昔日上海黑幫大老，後來亦成漢奸的吳四寶的遺孀佘愛珍。

胡蘭成你再怎麼批他，或罵他，但不能否認，他確實在文采，在女人緣上，還是有幾把刷子的。

他在躲過漢奸的追捕後，恢復文人之身，先後跟梁漱溟、唐君毅等，新儒家的大老，通信論學。他與唐君毅的書信，還集結為《天下事，猶未晚》。這書，現在還找得到。

編輯這書出版的人，以及，後來要為唐君毅緩頰何以兩人會有這段情誼的人，若非努力地為賢者諱（為唐君毅），就是根本把胡蘭成當成「當世志士」來看待。

我們若平心靜氣，其實不難理解這兩人的「求同」與「存異」。

唐君毅是新儒家推動者，致力於中華文化的振興。他在香港時，提出「中華民族之花果飄零說」，確實在亂世中，頗有穩定人心的中流砥柱之感。

胡蘭成雖然投身汪偽政權，但他反共，對中國文化有一套接近新儒家的看法，因而，兩人書信往返，縱論文化趨向，自有書生文人之間的情誼，外人是無須以「怎麼與漢奸交往」來論斷的。

如果這分析大致可以接受，那胡蘭成在七〇年代中期，有機會到台灣，亦跟這分析有關聯。

他是接受當時中國文化學院的邀約，來台講學的。而中國文化學院的創辦人張其昀，亦以復興中華文化為辦學的己任。

他低調來台，本來就僅是一位講授中國文化的老教授而已，沒有太多人注意到他。

可是，他自己並不願意這麼不被注意。

他出版了《山河歲月》，企圖以自己的文化論述，來統合中華文化的復興之道。

但這本書，賣座不佳。

當時，「遠景出版」的老闆沈登恩，知道他與張愛玲的過往，便積極勸進他，寫這一段大家必感興趣的橋段。

這便是後來《今生今世》裡，〈民國女子〉的由來。

胡蘭成的著作，還有《禪是一枝花》、《中國文學史話》等等。一貫是他文字在華麗與思維之間縹緲的特色。喜歡者恆喜歡，無所感者只覺得過於高蹈。

我們現在去讀胡蘭成的書，仍可以感受何以他的文字，在當時有一定的吸引力。

基本上，胡蘭成的文字一改「五四」以後，知識分子典型的論述形式，不是淺白議論，就是深奧專業，而他則代之以詩意化的句法，抽象式的堆疊，來闡述他的理念。

我自己是七〇年代長大的文青。

年輕時，受到胡適的影響，偏愛以淺顯文字論述義理。也受到殷海光等鼓吹邏輯實證論的影響，注重概念的清晰界定與表達。

若用這標準或訓練，看胡蘭成的文字，簡直是不及格！

因為幾乎每個他的提問、回答與解析，我可能都要問：你到底要講什麼？

可是，對西化的現代主義不滿，對邏輯實証論無法探究心靈議題的焦慮，對現代化思潮對中國傳統的批判，對詩意句法的著迷著魔，都讓胡蘭成於七〇年代中期，突然在台灣打開了一道窗牖：他至少吸引了朱西甯、劉慕沙、朱天文、朱天心、朱天衣這個文學家族。

這一家全力以赴地支持胡蘭成，而後又有了《三三集刊》、「三三書坊」，吸引一批年輕文青加入，遂開創了「胡體」文學風潮。

朱西甯甚至還主動寫信給在美國的張愛玲，要為她寫傳。而因為他的依據主要是胡蘭成的說法，嚇得張愛玲斷然地跟他說不！

67

胡蘭成還想「撩愛玲」，但張愛玲堅定說不了！

我們現在要了解張愛玲對胡蘭成在一九七〇年代中期，於台灣活動期間，打著張愛玲前夫的招牌，是抱持怎樣的心態，最好的參考資料都在書信集裡，包括與宋淇夫婦的，與夏志清的。

但，她對與胡蘭成的一段情，到底最終怎麼看？被稱為「張愛玲自傳小說三部曲」的《小團圓》則提供了主要線索。

張愛玲與胡蘭成離婚後，兩人各自天涯。胡蘭成到了日本，張愛玲先在香港滯留，後以難民身分赴美，嫁給賴雅，後來取得美國公民身分。

但，張愛玲曾經突兀的寫了張明信片，給胡蘭成。

幹嘛呢？

「手邊如有《戰難和亦不易》、《文明的傳統》等書（《山河歲月》除外）能否暫借數月參考？請寄……」

寥寥數語，不帶感情，只是借書。

時間大約在一九五七年底或一九五八年初之間。

張愛玲為何有胡蘭成地址？

她沒有。

她有的是胡蘭成日本好友的地址，張愛玲在上海與胡蘭成在一起時，胡蘭成少數介紹給她認識的日本人之一，池田篤紀，日本駐南京的外交官。

戰後胡蘭成到日本，很長一段時日是靠池田幫忙的。

一九五五年池田到香港，胡蘭成託他去看看張愛玲。

張愛玲為何兩年後，突然請池田轉信給胡蘭成？她要這幾本書幹嘛？

從時間點推測，從書的性質推測，她應該是要為《少帥》一書，做準備了。

胡蘭成回信時，顯然犯了估計樂觀的錯。

他是這麼回信的：「愛玲：《戰難和亦不易》、《文明的傳統》二書手邊沒有，惟《今生今世》大約於下月底可以付印，出版後寄與你。《今生今世》是來日本後所寫。收到你的信已旬日，我把《山河歲月》與《赤地之戀》來比並著又看了一遍，所以回信遲了。蘭成」

胡蘭成這封信，充滿挑逗。

相較於張愛玲的明信片，連上下款都沒有，言簡意賅，只問有書與否。胡蘭成則明顯挑逗意味。

上款稱愛玲，下款稱蘭成，還以為是舊情綿綿啊！

沒有張愛玲要的書，卻刻意提《今生今世》，還說要寄給她！

張愛玲不要《山河歲月》，胡蘭成則故意強調自己把此書拿來與張愛玲的《赤地之戀》併著讀，所以回信晚了。

胡蘭成的心態非常奇怪。

在後來的《今生今世》裡，他提到「接信在手裡，認那筆跡，幾乎不信真是她寫的。」還得意的把信拿給佘愛珍看，「愛珍先頭一獃，但隨即替我歡喜，她一向只把我當作是她的，此刻不知怎的，她突然歡喜看我是天下人的。」

看來胡蘭成到晚年，還是把自己當賈寶玉看，自戀，無誤。

張愛玲當然非常不高興，胡蘭成的挑逗。

由於《今生今世》付印拖延十個月。出書後，胡蘭成寄書寄信。

很長一段時日，張愛玲始終沒回應。

胡蘭成自己頗為懊惱，認為自己不該「寫了夾七夾八的話去撩她」。

終於，張愛玲回信了。

這封信，很經典。完全是張愛玲風格，繃著一張臉，冷冷的一刀。

「蘭成：你的信和書收到了，非常感謝。我不想寫信，請你原諒。我因為實在無法找到你的舊作參考，所以冒失地向你借，如果使你誤會，我是真的覺得抱歉。《今生今世》下卷出版的時候，你若是不感到不快，請寄一本給我。我在這裡預先道謝，不另寫信了。愛玲 十二月廿七」

胡蘭成把信拿給佘愛珍看，換來她一陣訕笑。胡蘭成當然還是厚臉皮的寫了一番什麼我與愛玲本來可以沒有禁忌，亦不用害怕提起會碰痛傷口之類的話。

但，那是兩人最後的聯絡了。

只不過，一九七〇年代中期，張愛玲還要為胡蘭成在台灣的企圖翻身，再煩惱一陣子！

68

張愛玲始終是胡蘭成心頭一抹光影

胡蘭成在台灣，一九七五年出版《山河歲月》，銷路不好。

一年多之後，再出《今生今世》。

那時，張愛玲已經在台灣颳起張愛玲旋風了。

而胡蘭成也由於胡秋原、趙滋蕃、余光中等人的連番炮火，轟他的漢奸歷史，而知名度大增。

對胡蘭成自己，因禍得福。

他失去了中國文化學院的教職，不過卻結識了朱西甯一家，被接去與朱家相處，開啟了「胡體」被擴散的契機，終於有後來「胡蘭成作品九冊」的出版。

但對張愛玲而言，則不啻是一場令人擔心的麻煩。

朱西甯寫信給張愛玲，要為她寫傳。

朱西甯早在一九七一年便撰文於「人間副刊」，提及張愛玲對他的影響。張愛玲還因此，簽書贈與朱西甯。朱西甯是張迷。七〇年代「張愛玲旋風」，也要算上朱西甯一筆。

不過，當張愛玲知道朱西甯在協助胡蘭成，且有心要為她寫傳後，斷然予以拒絕。

理由非常之簡單，張愛玲不想再與胡蘭成有任何瓜葛了。

張愛玲寫給夏志清的信，說得明白，胡蘭成寫了信給她，但她都不回，因為回了必出惡聲。在與宋淇夫婦的信件中，這種嫌惡之情，溢於言表。

而事實上，張愛玲早就在動手寫自己的小說體自傳三部曲了。其中，涉及胡蘭成的，就在《小團圓》裡。

《小團圓》應該是在一九七六年前後就完稿了。

我們從《張愛玲私語錄》裡，可以概括，那陣子，因為胡蘭成在台灣引發爭議，波及到張愛玲，宋淇夫婦大力主張，張愛玲應該修改《小團圓》裡，影射胡蘭成的部分，尤其又牽涉張愛玲的部分。

從往返信件看來，張愛玲並沒有與宋淇夫婦有太多的爭辯，她只是一邊同意宋淇的建議，一邊說她要暫停出書，修改書稿。

但這本書，一拖再拖，竟拖到胡蘭成過世，拖到張愛玲過世，甚至張愛玲過世多年後，才在遺囑委託人的繼承人手上，決定違反張愛玲的遺願，讓它出版。

宋淇夫婦的兒子宋以朗，做這決定是對的。

就好比〈富春山居圖〉一樣，如果遺囑真的實踐了，名畫隨之陪葬，那世間便再無這幅國寶！

同樣，在拼貼「張愛玲傳奇」的板塊上，如果缺了《小團圓》這本自傳色彩濃厚的書，「張愛玲傳奇」終究有所遺憾！

毫無疑問，當張愛玲對胡蘭成說我不再喜歡你時，兩人已經走到陌路。

張愛玲自此心無罣礙。

她之所以在回覆胡蘭成充滿挑逗意味的信時，那般冷峻、無情，乃因她心底早就在與胡蘭成的關係上，狠狠畫下一刀。古人割袍斷義，張愛玲是割袍斷情！而且，斷得斬釘截鐵，不容胡蘭成再有遐想！

其實，就這割袍斷情的堅毅而言，張愛玲是非常現代女性性格的！

魯迅在議論五四時期，「娜拉出走」這個命題時，固然語重心長的指出，娜拉出走之後，未必是她們獨立的開始，因為太多的包袱，太多沉痾，往往會阻擋娜拉的獨立！

於是，娜拉出走（即脫離男性支配，男性沙文主義），最終很可能是墮落，或回來！

魯迅於是沉痛地點出了，女性獨立仍需要的社會條件。這就是社會革命的意義。

這話，一點沒錯。

但那是社會條件的問題，總不能以此為藉口，阻擋現代女性的娜拉出走啊。

而娜拉的堅定意志，先出走再說，在外餓死，也比在家委屈死，要來得光采。一旦蔚為風尚，這就是時代的訊息，時代的劇變。

張愛玲與胡蘭成的關係，也可以這樣看。

張愛玲最終出走了，反倒是胡蘭成在女人堆裡，心頭總有張愛玲那一抹光影！

69

胡蘭成是「懂」張愛玲的，沒錯

胡蘭成非常「懂」張愛玲。

為何我要在「懂」字上，加引號？

因為胡蘭成在觀察張愛玲的氣質上，是非常貼切的懂。

但一旦涉及自己，他的「懂」便不免自戀起來。

因為他唯一不懂的是，自己在女人堆裡，無法自拔的「賈寶玉情結」。

我們現在讀胡蘭成的〈論張愛玲〉，還是可以感受到，胡蘭成的文采與洞見張愛玲心思的敏銳度。

那是一九四四年五月、六月，分兩期刊登於《雜誌》上的長文。

從行文中可以了解，胡蘭成大致通讀了張愛玲在那一年多左右，發表的小說與散文。

迅雨的評論，是就文論文，評得好，評得犀利，是「愛之深，責之切」，迫使張愛玲停下〈連環套〉的連載。迅雨犀利，是手術刀，見骨見肉，但不容易讓我們理解張愛玲的內心世界。

胡蘭成不同。

胡的評論，像情書。

愛慕者的傾心；觀察者的冷靜；疼惜者的溫馨。

胡蘭成的文句，自成一格，號「胡體」。

並非在《今生今世》裡一蹴可成，早在他與張愛玲相識，相愛的階段，「胡體」便見端倪。

而且說實在的，那時的「胡體」我比較欣賞，打破五四以後白話文不是「西化嚴重」，便是「淺淺如水」的兩極化。

胡蘭成有看出張愛玲對創作極致化追求的美感。

但他用的修辭，完全是吻合「張派風格」的。

他說張愛玲「她的心喜悅而煩惱，彷彿是一隻鴿子時時要想衝破這美麗的山川，飛到無際的天空。那遼遠的，遼遠的去處，或者墜落到海水的極深去處，而在那裡訴說她的秘密。」

「她所尋覓的是，在世界上有一點頂紅頂紅的紅色，或者是一點頂黑頂黑的黑色，作為她的皈依。」

胡蘭成也很早看出張愛玲的自戀。

但一位愛慕者、追求者，怎能輕易道出傾慕對象的自戀呢？那是冒瀆。

於是，胡蘭成的說法是：「她覺得最可愛的是她自己，有色一枝嫣紅的杜鵑花，春之林野是為她而存在。因為愛悅自己，她會穿上短衣長褲，古典的繡花的裝束，走到街上去，無視於行人的注目，而自個兒陶醉於傾倒於她曾在戲台上看到或從小說裡讀到，而以想像使之美化的一位公主，或者僅僅是丫環的一個俏麗的動作。」

但胡蘭成話鋒一轉，「這並不是自我戀。自我戀是傷感的，執著的，而她卻是跋扈的。倘要比方，則基督在人群中走過，有一個聲音說道『看哪，人主來了』，她的愛悅自己是和這相似的。」

在寫這一系列關於張愛玲的文章時，我常想，到底「張愛玲」是個怎樣的人？

到底這她存活於世的那一輩子，誰，才真正懂她呢？

我愈了解她，就愈覺得胡蘭成是真的了解她的人，而且是男人。

她的姑姑應該了解她，但可惜沒有留下什麼深刻的資料。

她的閨密炎櫻也應該了解她的某個側面，但畢竟只是閨密，無法有因為愛情而深入她的某種內在。

賴雅雖然是她的美國丈夫，但文化隔閡，語言隔閡，氣質隔閡，也不可能了解她的在中文語境之內的心思。

胡蘭成是張愛玲的初戀。

胡蘭成主動貼近張愛玲的內心深處。

胡蘭成與張愛玲有肉體心靈耳鬢廝磨的糾纏。

胡蘭成自身是自戀的，因而更懂張愛玲的自戀。

胡蘭成是自戀的獵食者，他布下的愛情網羅，把自戀的張愛玲套住了。因而有了「滾滾紅塵」的一段情緣。

如果，「傾城之戀」就此定格。如果，「封鎖」的當下，就此冰雪奇緣一般，永凍於地下。

那，也許胡蘭成與張愛玲，會有不一樣的人生?!

但，也許，只是也許。

沒錯，我講的是，胡蘭成讀過的張愛玲吸引他的短篇小說。

70

導演桑弧可能永遠不懂，永遠吃醋「張胡戀」！

張愛玲對胡蘭成，是帶著初戀情結，帶著類似「李清照與趙明誠」、「沈復與陳芸」這種相知相惜恩愛情緣的。

張愛玲如果沒有胡蘭成，她的人生初戀會是誰？

從《小團圓》提供的線索推測，張愛玲在抗戰勝利，到她出走香港之前，曾經有一段與導演的戀情。

《小團圓》裡，喚他叫「燕山」。

當時上海的小報就說那人是桑弧，但兩人都公開否認。而桑弧則至終都沒承認這件事。

可是，張愛玲自己在《小團圓》中，描述了這一段情。

起因當然是兩人的合作，桑弧導演電影《不了情》、《太太萬歲》、《哀樂中年》，張愛玲是編劇。

兩人合作，不一定生情。

但當時氣氛詭異，桑弧的出現，伸出援手，對張愛玲無疑是人情冷暖中，一把溫暖的火炬。

我之前，曾引述柯靈〈遙寄張愛玲〉一文，探索上海淪陷區時的張愛玲文采。

柯靈看似是張愛玲的伯樂，但抗戰勝利後，胡蘭成淪為漢奸，落水狗四處躲藏，人人喊打。張愛玲的處境相當尷尬，也被目為「文化漢奸」之一。根據張愛玲的說詞，此時柯靈竟把張愛玲視為「漢奸之妻」人人可以欺侮，而對她毛手毛腳起來。

可見張愛玲在戰後，處境相當悲涼。

我們檢索張愛玲的創作，也會發現，一九四六到四七年之間，張愛玲作品發表幾乎空白。

這時，《不了情》、《太太萬歲》便如寒霜中的送暖，意義非常了。

桑弧年長張愛玲四歲而已。

但張愛玲描述他看來比實際年齡更輕。

張愛玲自己爆料與桑弧的一段情，至少打破了外界長期以來的臆測，說張愛玲有戀父情結。的確，若就胡蘭成、賴雅而言，都至少大她十五歲、二十九歲，這區區四歲，可算同輩。

不過，桑弧在張愛玲飽受文化漢奸攻訐之際，給予她溫暖，給予她工作的機會，這動作，還是有騎士風範，有兄長呵護的情誼。

《小團圓》裡，這兩位男人，胡蘭成、桑弧，戀情一號、戀情二號，是曾經「相碰」的。

胡蘭成躲藏在鄉下一陣子後，風頭稍過，他曾回上海一趟。

胡蘭成來張愛玲住處。

不巧，電話鈴聲響了。張愛玲匆忙接電話，忘了關門，胡蘭成在一旁可以聽得一清二楚。

電話那頭是桑弧。

「喂？」

「『噯。』燕山的聲音。」

「她頓時耳邊轟隆轟隆，像兩簇星球擦身而過的洪大的嘈音。她的兩個世界要相撞了。」

很顯然，張愛玲很緊張，也很沒經驗處理當今的男女很會處理的「劈腿」經驗。

於是她的語氣，對方一定聽出來了。

「燕山有點不高興，說他也沒什麼事，過天再談，隨即掛斷了。」

張愛玲回到客廳。

胡蘭成心神不寧的在客廳繞圈子。

「妳講上海話的聲音很柔媚。」胡蘭成說，很顯然，他在聽張愛玲接電話。

張愛玲答之以自己在香港時宿舍就有上海人，而且自己住在上海沒道理不會說上海話。算是，直接頂回去了吧！

胡蘭成沒再追問。

這段情節，既顯示張愛玲與桑弧確實有感情了，她才會緊張，桑弧才會不高興。而胡蘭成才會注意妳怎麼在我面前跟人家講上海話！（怕我聽懂嗎？）

胡蘭成是該緊張的。

張愛玲決心要跟胡蘭成分手，她寫的訣別信，是先給桑弧看過的。

桑弧吃味嗎？

絕對。

張愛玲記下桑弧來電後，有一日她們兩人獨處的對話。

燕山說，他（指胡蘭成）好像很有支配妳的能力。

張愛玲回，上次看見他的時候，覺得完全兩樣了，連手都沒握過。

燕山，突然說，聲音很大，「一根汗毛都不能讓他碰。」

她一面忍著笑，也覺得感動。

默然片刻，燕山又說：「妳大概是喜歡老的人。」

張愛玲怎麼回答呢？

看來她沒有正面回應。

《小團圓》裡，只是寫下：他們至少生活過。她喜歡人生。

但張愛玲是決心要跟胡蘭成分手了。

燕山離開後，張愛玲寫了那封著名的分手短信。

而燕山呢？他與愛玲那一段情，也終將消逝於大時代的煙塵之間。

但，他還真說對了。張愛玲是喜歡老的男人。之前，是胡蘭成；之後，是賴雅。年紀相仿的桑弧，不過是一段不了情而已！

71

只因為〈封鎖〉。張愛玲在乎的，是一起「生活過」（上）

張愛玲一輩子有三個親密男人。

兩段是婚姻，先胡蘭成，後賴雅。

一段是小戀愛一場，導演桑弧。

張愛玲在《小團圓》裡，透露了一段她對胡蘭成的感情，之所以依戀的情結。

「他們至少生活過。她喜歡人生。」

我是這樣理解這心情的。

《小團圓》裡，真正講到「愛」的男人，就只有胡蘭成與桑弧。

至於賴雅，張愛玲從未流露「愛」。

而賴雅是跟「墮胎」放在一起談的。

張愛玲在寫給夏志清、宋淇夫婦的信裡，是常提到賴雅。在對宋淇夫婦的信中，還流露出少見的愛與被愛的描述。雖然不多。

可是，在《小團圓》裡，賴雅與張愛玲十一年婚姻，換來的篇幅，竟少得可憐！

怎麼回事呢？

由於《小團圓》是張愛玲刻意經營的小說體回憶錄，「篩選了題材」、「篩選了篇幅」，顯然不會是無心插柳的。

答案，應該就在「他們至少生活過」這一句點評。

賴雅當然有讓張愛玲「生活過」的美好。

張愛玲寫給宋淇夫婦的信件中，描述過他們一起讀書、看電影、散步，甚至討論布萊希特的戲劇。張愛玲還大加稱讚賴雅做的漢堡，好吃。

這是一起「生活過」的美好。

但時間太短。短到張愛玲大部分的記憶，應該都是在照顧賴雅的殘破之軀，在四處奔波找短期研究工作，以維持生活。

相較於，我們現在從《小團圓》與《今生今世》裡，所看到的張愛玲與胡蘭成的相處歲月，賴雅給張愛玲的回憶，絕對不是張愛玲追憶胡蘭成時，所說的那種「生活過」！

張愛玲的「生活過」，起碼包涵了好幾種含意。

一、是類似李清照、趙明誠那樣，知性上的你來我往。

二、是張愛玲情竇初開，遇上情場高手胡蘭成的引路，因而開展出的張愛玲情慾世界。

三、則是極為特殊的上海淪陷區處境，使得兩人的愛情世界彷彿跟世界的陰霾賽跑，永遠有無法饜足的焦慮與貪婪。

桑弧不可能懂。

賴雅隔於文化差異，也不會懂。

「張愛玲傳奇」之所以傳奇，有些部分，還真是難以言語道盡其中的微妙。

試想，張愛玲胡蘭成的緣分，不是很像她自己的小說〈傾城之戀〉，所預言的大時代成全一段男女私情嗎？

又豈不是很像〈封鎖〉裡所講的，因為封鎖，導致電車裡兩位陌生男女，絕無未來可言的一段邂逅嗎？

而，更傳奇的是，胡蘭成恰恰是讀了〈封鎖〉，而驚豔於張愛玲的文采，而後，連續找了幾篇她的文章、小說，再三折服之後，才決心登門造訪，成就了一段亂世的鴛鴦情！

胡蘭成在南京，閒來無事，翻了《天地月刊》。

其中一篇〈封鎖〉，筆者張愛玲。

胡蘭成繼續看，「我纔看得一二節，不覺身體坐直起來，細細的把它讀完一遍又讀一遍。」

「我去信問蘇青。這張愛玲果是何人？她回信只答是女子。我只覺世上但凡有一句話，一件事，是關於張愛玲的，便皆成為好。」

為何〈封鎖〉吸引胡蘭成？

〈封鎖〉收在「張愛玲全集」裡《第一爐香》中。全文不過十三頁左右，是短篇小說。

說的是戰時上海，當遇到突發狀況時，行進中的電車，便會因為封鎖，而暫時打住。時間多久？不一定。正因為封鎖時間不一定，也就隱喻了人生的某一種狀態，誰都不知道「何時」、「何地」、「何人」、「何事」會發生於你的生命中！

於是，一對男女，便在封鎖中，於電車上攀談。

但男方純粹是為了閃躲熟人的糾纏，而女方卻由於男方的撩撥，陷入了自我的疑惑，以及對對方的莫名的期盼。

但，警報一解除，封鎖結束，電車前行，一切又回歸到原先行進的狀態下。

張愛玲深刻的描述，豐富的意象，漂亮乾淨的文字，充分顯露她即將是一顆耀眼的小說大家！

而她預料不到的是，〈封鎖〉竟招引了胡蘭成這隻鳳蝶，竟預示了她的一段圍城裡的愛情！

72 只因為〈封鎖〉。張愛玲在乎的，是一起「生活過」(下)

我猜想，〈封鎖〉之所以吸引胡蘭成，很大的原因，是張愛玲能在日常細碎之中，目睹生命的堅韌，體諒日常的無奈，看出每個人都是不徹底的人物。而這一切，竟然可以發生於戰爭夾縫中的上海！

使得總感覺來日無常的上海，汪偽政權下一分子的胡蘭成，能稍稍佇足於生命中虛幻的某一種靜好。

如今讀〈封鎖〉，仍會驚訝於，張愛玲對於城市裡，一般市井小民生活，尤其是上班討生活族群的認識，極為犀利。

每個人都有一張自己的臉譜，每個人都有一段自己的故事，而人與人的交錯，總有那麼些許無可奈何的誤解。

「我們都是平凡人」，若改用張愛玲的話，「我們都是不徹底的人物」。

唯其不徹底，夠平凡，才會有種種無法自拔的陷溺。當然，也才會有種種不期而遇的歡喜。

〈封鎖〉讓我們看到了一個平凡的女大學畢業生，翠遠，留在母校擔任英文助教。下班時刻，遇到封鎖，在停駛的電車上，趁空批改學生的作業。

「她是一個好女兒，好學生。她家裏都是好人，天天洗澡，看報，聽無線電（聽廣播）向來不聽申曲（上海地方戲曲）滑稽京戲什麼的，而專聽貝多芬、瓦格涅的交響曲，聽不懂也要聽。世界上的好人比真人多……翠遠不快樂。」

張愛玲為何迷人？

她的文字，是答案。

〈封鎖〉是她初露頭角的作品。

早期的文字，就已經具備精準、犀利，與意象豐富的端倪。

或許更迷人的是，還有著初生之犢的好奇與幽默。

這是她有別於許多作家，當然更有別於與她在上海齊名的女作家，如蘇青，最獨特的區隔。她有著，與生俱來，淡漠中，微微嘲諷的幽默感。

那是一種，長期在陰鬱的生活裡，曲折的人際巷弄間，穿梭長大的成長智慧。

有些人可能變得憤世嫉俗，但注定寫作的張愛玲，則讓自己有了穿透人性、悠悠自得的幽默感。

有才氣的女人，不會少。但有才氣，兼而具幽默感的女人，不會太多（男人也是）。

胡蘭成一定看到了，在文字中，隱隱浮現的，那個「張愛玲」。

女主角翠遠，家裡都是好人，好人是天天洗澡，天天讀報，常常聽貝多芬、瓦格涅的，雖然未必聽得懂。

好人比「真人」多?!

這話更幽默更智慧。每個人都偽裝了，誰是「真人」呢？

好人不快樂，套句現在的潮語，發張「好人牌」給你，意味了，你或妳，什麼都不會跑第一。

張愛玲畢竟「當世文青一把手」，她即便意思到了，也不會用得那麼俗濫。

我們看看她怎麼形容「好人牌」的翠遠。

挑逗她的職場痞子呂宗楨，眼中的翠遠「拆開來一部分一部分的看（指五官），她未嘗沒有她的一種風韻。」

「她的手臂，白倒是白的，像擠出來的牙膏。她的整個的人像擠出來的牙膏，沒有款式。」

多麼平凡的一個女人啊！即便她受了高等教育，她在大學任教，但在痞子男人的眼裡，她就是沒有特色的「中等美女」！

但張愛玲描述得多優雅！多犀利而幽默！

〈封鎖〉是一篇小說，張愛玲投稿到雜誌賺稿費的一篇短篇小說。

她敏銳的，在戰時上海，捕捉到「封鎖」的當下，本無牽扯的陌生人，可以因為封鎖，而發生短暫的邂逅，進而讓平淡生活看不出來有任何新鮮意義的平凡女人，在那短短的封鎖期間內，感情被挑逗了，自我以為的規律被打破了。

然而，一切是虛幻。

有效期限，只能在封鎖的當下。
封鎖解除，一切如常。
這個短篇，預告了之後的〈傾城之戀〉。
招來了，在圍城之內，舛舛不安的胡蘭成！
張愛玲沒料到，她自己也像〈封鎖〉裡的翠遠，即將被撩撥了。

73

張愛玲從來沒有戀愛過，直到胡蘭成出現！

從《小團圓》裡，可以看出來，張愛玲回眸一生時，仍然對與胡蘭成的一段，有著深深的眷戀，即便她知道他傷害她最深。她也知道，她不會再原諒他，不會再續前緣。

在張愛玲二十二歲之前，從未談過戀愛。

她自己這麼回顧著。

「這天晚上在月下去買蟹殼黃，穿著件緊窄的紫花布短旗袍，直柳柳的身子，半捲的長髮，燒餅攤上的山東人不免多看了她兩眼，摸不清是什麼路數。」

這段太有趣了。

不過是去買個燒餅嘛！張愛玲也把自己裝扮得美美的，難怪燒餅攤老闆瞪大眼睛，直直看，這年輕女人幹嘛咧！不過買個燒餅嘛，有必要這樣穿嗎！

好有一比吧，你在排隊買雞排，來了一位美眉，穿旗袍，燙捲髮，就這概念！

但，張愛玲是寂寞啊！

她接著說了，在買了蟹殼黃，在被燒餅攤老闆狐疑眼光之後，回家的路上。

「歸途明月當頭，她不禁一陣空虛。二十二歲了，寫愛情故事，但是從來沒戀愛過，給人知道不好。」

張愛玲生性中，本來的幽默感，晚年回憶錄中，又幽幽回來了。

但，當時的她，仰頭望明月，手提蟹殼黃，心中想的是，來一場戀愛吧！

來一場戀愛吧！來一場戀愛吧！

於是，來了胡蘭成！

他懂張愛玲。

胡蘭成在《今生今世》裡，描述張愛玲「是民國世界的臨水照花人。看她的文章，只覺得她什麼都曉得，其實她卻世事經歷得很少，但是這個時代的一切自會來與她有交涉，好像『花來衫裏，影落池中』。」

獵愛高手的胡蘭成，一眼讀出了張愛玲的聰慧與寂寞。

你不能因為胡蘭成是花心男人，是渣男，就詆毀了他「慧眼識愛玲」的能耐。

千萬別忘記，他可不是先看照片，驚為天人，再去把妹張愛玲的。

他可是紮紮實實的文青風格，先讀了雜誌上的小說〈封鎖〉，然後正襟危坐起來，心想「張愛玲到底何人？」

他也是寫了書評，交給雜誌。雜誌編輯是張愛玲好姊妹，再把書評的清樣，先給張愛玲看。

換言之，張愛玲也是先讀了胡蘭成的書評，才知道有這麼一號人物，才知道他要來拜訪自己，才知道他還沒來便因案入獄。

張愛玲知道胡蘭成入獄，關心的，竟然還是「糟糕，那書評會登出來嗎？」她想著，如白日夢一般，能不能救他出來！

書評還是登了。

張愛玲很喜歡。

從清樣上看，「文筆學魯迅學得非常像。」這是極大恭維。因為五四之後，魯迅的名聲就是文壇祭酒。

張愛玲的戀物癖，愛屋及烏。她望著清樣「極薄的清樣紙雪白，加上校對的大字硃批，像有一種線裝書，她有點捨不得寄回去」。

這都是未愛先戀了。

胡蘭成來看張愛玲。張愛玲與她的姑姑，都注意到，胡蘭成的眼睛。

張愛玲說「他的眉眼很英秀」。

姑姑說「他的眼睛倒是非常亮」。

她們不知道胡蘭成已婚嗎？

當然知道。見面劈頭，姑姑便給胡蘭成下馬威：「太太一塊來了沒有？」

胡蘭成只能苦笑。

張愛玲婉轉轉圜，中國男人過了一個年紀全都有太太，還用提醒嗎？也提得太明顯了。張愛玲是不是有點嫌姑姑呢！

才見了面，張愛玲就喜歡他了。這點無誤。

不然，她不會嫌姑姑多話。

不然，她不會注意他眼神英秀。

不然，她不會看他有點緊張而心疼，沉默時，「目光下視，像捧著一滿杯的水，小心不潑出來」。

真的，唯有初戀的人，知道，這是戀愛的敲門。

之後的桑弧不能懂。再之後的賴雅，也不會懂。

74 張愛玲知道胡蘭成把自己捧到了手掌心

張愛玲為何這麼迷戀胡蘭成？

當然眾說紛紜。

桑弧說張愛玲「愛老的人」。這句話，當然給了張迷大作佛洛伊德「戀父情結」文章的機會。

但，這樣說，錯是不會錯，可是說完了，又似乎什麼都沒說，不是嗎？

在我看，初戀情結，是關鍵。每個人對初戀，都有淡淡的情愁，何況是張愛玲的初戀。

張愛玲很自戀，也是關鍵。

自戀，是活在自己編織的世界，而張愛玲是作家，很自戀的作家，活在自己編織的文字世界裡，並不意外。這也是關鍵。

胡蘭成是她的初戀。胡蘭成還是很理解她，很懂欣賞她的，初戀男人。

胡蘭成在〈論張愛玲〉裡，懂張愛玲的部分，至少好幾點，都應該是直接打進張愛玲的心坎裡的。

張愛玲很自戀。

但胡蘭成卻說，其他人自戀，總是感傷，執著，唯獨張愛玲是「跋扈的」。

張愛玲顯然很自負。

但胡蘭成眼裡，一般年輕人如此，往往變得粗魯無理，可是張愛玲不同，「她知道的不多，然而並不因此貧乏，正因為她自身就是生命的泉源。倒是外界的事物在她看來成為貧乏的，不夠用來說明她所要說明的東西，她並且煩惱於一切語言文字的貧乏。」

張愛玲確實自視甚高。

但胡蘭成則解釋那是一種「貴族氣氛」。

站在她面前，最豪華的人也會感受威脅，顯露自己的寒傖，像暴發戶。

這不是因為張愛玲有貴族血統，「是她的放恣的才華與愛悅自己，作成她的這種貴族氣氛。」

多會讚美人啊，不是嗎？

張愛玲很不愛提自己的家世。但胡蘭成卻巧妙地讚美了。

胡蘭成還把張愛玲的寫作，與她的貴族氣氛，婉轉地做了連結。

「貴族氣氛本來是排他的，然而她慈悲，愛悅自己本來是執著的，然而她有一種忘我的境界。她寫人生的恐怖與罪惡，殘酷與委屈，讀她的作品的時候，有一種悲哀，同時是歡喜的，因為你和作者一同饒恕了他們，並且撫愛那受委屈的。」

這段分析得多好啊！

之後，解析張愛玲作品裡的，這種陰鬱、糾結、濃得化不開的題材與人物的張迷們，很少能繞過胡蘭成這個見識而不顧！

胡蘭成正是用這個角度，分析了〈金鎖記〉裡，曹七巧角色形塑的成功。

胡蘭成看出了，張愛玲對人世間的強者，悲憫其軟弱；而對人世間的弱者，則給予康健與喜悅。

所以胡蘭成說，張愛玲「因為懂得，所以慈悲」，宛如人子。

胡蘭成的〈論張愛玲〉，我反覆讀過數次。

胡蘭成確實在理解張愛玲上，是下足了功夫。但他若沒有足夠的心思，去懂張愛玲，那也頂多是阿諛與奉承罷了。

但，張愛玲不一定吃這套。

而，胡蘭成也確實不是在唬弄。

舉例來說吧，張愛玲早說自己筆下的人物，都是「不徹底的人物」。

胡蘭成的解讀，非常精到。

在分析〈傾城之戀〉裡的范柳原時，胡蘭成這麼說：「她的作品的題材，所以有許多跌倒的人物。因為她的愛有餘，她的生命力有餘，所以能看出弱者的愛與生命力的掙扎，如同〈傾城之戀〉裡的柳原，作者描述他的無誠意，卻不自覺地揭露了他的被自己抑制著的誠意，愛與煩惱。」

在迅雨的評論下，〈傾城之戀〉陷入單薄的缺點，卻被胡蘭成讚賞，張愛玲寫出了平凡人的失敗、破滅，以及被委棄在塵埃裡的掙扎，而把他們提升到使人感動的境界！

難怪，張愛玲那麼迷戀胡蘭成！

因為，胡蘭成讓張愛玲知道自己有多麼的傳奇！

張愛玲知道胡蘭成把自己捧到了手掌心！

75

胡蘭成是敲響「張愛玲傳奇」的第一人！

「張愛玲傳奇」的基礎，是她動人的小說技巧，尤其是中短篇小說。

但小說家，沒有哪一位，是靠「小說」成為「傳奇」的。

諾貝爾文學獎得主，夯不啷鐺，超過百位以上了，稱得上傳奇的有幾人呢？

詩人聶魯達可以算一位，因為他還同時搞革命，流亡大半輩子。

邱吉爾應該也算一位，因為他幾度起落，最終領導英國打贏納粹，是二戰英雄。

海明威也可以算一位，因為他前半生，介入一戰，介入西班牙內戰，出生入死，幾度受傷。

可以列入傳奇的文學家，應該不只我隨便列出的例子。但重點是，他們都有「文學之外」的傳奇事蹟，使得他們的文學與人生，交互生輝，熠熠光采。

張愛玲當然還不算所謂「偉大的」文學家，她的作品不夠多，經典作品囿限於中短篇，使得她在構成「偉大的」作家序列裡，很難被排在名列前茅。

但，張愛玲仍是「傳奇」。仍是，中文現代文學史上，一顆耀眼的明星，而她的一生，始終流散著「傳奇」光芒，為什麼？

我總是愛提醒張迷們，如果張愛玲只剩下中短篇小說，她會是傳奇嗎？我認為，不會。

如果張愛玲沒有離開上海，而留在中國，她會是傳奇嗎？我認為，不會。

如果張愛玲到了美國，竟然一如所願，英文小說暢銷，成為她念茲在茲的，「女版林語堂」，她會是傳奇嗎？我認為，不會。她就只是另一位女版林語堂，而已。

如果，張愛玲克服了人際障礙，完成了中國問題的研究，取得了正式研究員職位，她會是傳奇嗎？我認為，不會。她就是另一位陳世驤，另一位James Liu（劉若愚，沒有博士學位，但在美國學界成名的比較文學專家）而已。有名聲，沒傳奇。

所以，構成張愛玲是「傳奇」的事實是，她的不順，她的落魄，她的孤僻，她的愚騃，她的選擇與一位漢奸才子的初戀，在在都構築了，後人打造「張愛玲傳奇」的「戲劇性」題材。沒有這些，張愛玲頂多是一位傑出的中短篇小說家，而已！

胡蘭成在「張愛玲傳奇」中，之所以不得不提，之所以占有關鍵性地位，正因為，他不僅僅是「張愛玲傳奇」的起始一頁，依我的判斷，他根本就是打造「張愛玲傳奇」的始作俑者！

胡蘭成是第一個，在張愛玲作品裡，為她所鋪陳的失敗人物，與時代脫節之悲哀人物（例如曹七巧），確立起宛如人子視野的疼惜。

「如〈金鎖記〉的曹七巧，上帝的天使將為她而流淚，把她的故事編成一支歌，使世人知道愛。」

這應該也是最早，把張愛玲的小說意境，提升到宗教層次，予以高度定位的企圖。

胡蘭成說：「她具有基督的女性美，同時具有古希臘的英雄的男性美。她的調子是陰暗而又明亮的。」

後來，許多討論張愛玲作品裡，宗教意義的文論，基本上，並沒有超越胡蘭成在一九四四年的見識。

胡蘭成是懂張愛玲的。

如果我們之前討論張愛玲在人際關係上的障礙，大家記憶猶新的話，那點出這問題的祖師爺，非胡蘭成莫屬！

請看，他眼裡的張愛玲，那彷彿世故，又實則拘謹的本質。

「她見了人，很重禮數，很拘謹似的，其實這禮數與拘謹正是她缺乏的，可以看出她的努力想補救，帶點慌張的天真，與被抑制著有餘的放恣。有一次，幾個人一道，她正講究著禮數，卻隨即為了替一個人辯護，而激越了，幾乎是固執地。她是倔強的。」

想想看，胡蘭成是不是預言了，張愛玲往後種種的人際關係上的波折！

如果妳是張愛玲，在妳初初嘗到愛戀的滋味時，這人則是那般於眾人間，以明亮之眼，看出妳的驕傲與脆弱，妳如何能不愛上他呢？何況他長得還真人模人樣的！

胡蘭成是敲響「張愛玲傳奇」的第一人！

76

胡蘭成攔截到〈封鎖〉、〈傾城之戀〉裡的電波

張愛玲先後發表〈封鎖〉、〈傾城之戀〉時，只能說，見證了她對時代的「張愛玲模式」反應。這模式，直到《秧歌》、《赤地之戀》才明確的改變。

我所謂的「張愛玲模式」，是既不左，也不右，但也非毫無時代感的，專屬於張愛玲自己的反應模式，她只在乎自己在乎的世界。

一般作家，若觸及「封鎖」題材，總不免要讓我們知道「封鎖所為何來？」、「在封鎖下的人心惶惶！」等等。

但張愛玲抽空了時代因素，只讓你知道，封鎖一來，人與人的日常關係，瞬間停擺，而又瞬間進入一種「宛若抽離」的狀態。你我，不得不暫時面對彼此，過去無所謂，未來誰知道，唯有此刻，唯有當下，是一個真實的存在。

也因而，瞬間有了重新看待自己的空窗期。

這是，〈封鎖〉厲害的地方。

年輕張愛玲出手，硬是不凡。也吸引到胡蘭成的目光。一個未來誰知道，過去無所謂的，只活

在當下的汪偽政權的文化官。

閱歷豐富，職場算得心應手，因而不免態度油滑的男主角，竟然為了閃躲與窮親戚的周旋，而隨意挑了一位陌生女子攀談。卻在封鎖的時刻裡，娓娓道來他的人生，他的婚姻，他的也曾年輕有夢但如今黯然的現在。

女主角呢，平凡無奇的她，因為被搭訕，而有了臉紅心跳的經驗。她突然從來沒有那麼強烈的感覺到自己原來也有引人注目的美。

倘若時間許可，倘若沒有其他外力的介入，說不定，封鎖的時間裡，是可以促成一段露水姻緣的。

其實，類似的題材，在文學，乃至於戲劇裡，並不少見。

例如：薄伽丘的《十日談》裡，躲避黑死病，獨處一室，男歡女愛的男女。

例如：海明威的《戰地鐘聲》裡，四天三夜之中，爆破專家男主角與遭到法西斯擁護者強暴的女主角，發生的一段永恆不渝的愛情。

我們的人生，如此單調重複而平凡。

但，一場意外的遭遇，可能改變這一切。但也可能，僅僅只是可能而已。

張愛玲的細膩，在於她觀察到，像「封鎖」這樣的恐怖場景，可能有人就因此而被逮捕，或發生攻擊暗殺事件造成人命傷亡等，然而卻也是一般閒雜人等，突然被迫彼此陷入親近的時空，人被抽離了日常的軌道，突然有了與陌生人對話的換軌經驗。

胡蘭成是懂得欣賞文學深度的人。〈封鎖〉這麼一個既不解釋為何封鎖，也不暴露封鎖發生了怎樣的事故，卻只是兩個素昧平生的男女，百無聊賴的在封鎖時，彼此更加深刻的認識了自己。他看出了其中的深意。

人生難得可以認識自己啊！

即便只是萍水相逢式的認識自己！

〈封鎖〉這短篇，已經很有二十世紀現代劇場的味道了。

〈封鎖〉的再進一步擴大，〈傾城之戀〉的企圖更強烈。

一個玩世不恭的男人，范柳原，原本就是抱持玩玩的心態，在白流蘇遭遇娘家合力欺侮她的那一刻，宛如騎士一般，救她於水火之間。原本，連女方也放棄了掙扎，就乾脆做一個有自己的家、有自己的空間的情婦吧！

然而，一場更大規模的封鎖，一場日本占領香港的歷史事件，成全了一個小女子的奢望，逼迫了一個花花公子的就範。傾城之災難，促成了小女子的愛情。

過去無所謂，未來不可知，現在，此刻，最真實。

張愛玲在遇到胡蘭成之前，寫了這樣的〈封鎖〉、〈傾城之戀〉，她奢望在一個封鎖、傾城的時空裡，跑出一段她從來未曾領會過的愛情。

她在預言嗎？

她在等待嗎？

她在發出訊息嗎？

但無論如何，胡蘭成攔截到了。

他來了。他寫了〈論張愛玲〉。

他讓張愛玲，對他，有微微一震的崇拜。

這是初戀。無誤。

張愛玲雖然沒有戀愛經驗，但她可會寫了。

胡蘭成應該讀過的，〈留情〉的結尾，張愛玲寫著：「生在這世上，沒有一樣感情不是千瘡百孔的，然而敦鳳與米先生在回家的路上還是相愛著。」

千瘡百孔，仍然愛！

圍城之內，更要愛！

77 那時代，張愛玲為什麼會紅?!

我們現在回首「張愛玲傳奇」，會驚訝，她最好最密集的創作年代，不過就是一九四三、一九四四年，勉強再算上不完整的一九四五年（因為抗戰勝利，日本投降，汪政權瓦解，張愛玲陷入漢奸之妻的困境）。

在這兩年多之間，張愛玲寫出了〈沉香屑 第一爐香〉、〈第二爐香〉、〈茉莉香片〉、〈傾城之戀〉、〈金鎖記〉、〈心經〉、〈琉璃瓦〉、〈散戲〉、〈封鎖〉、〈桂花蒸 阿小悲秋〉、〈年輕的時候〉、〈花凋〉、〈等〉、〈紅玫瑰與白玫瑰〉、〈殷寶灩送花樓會〉，還有試圖連載的長篇，但被迅雨（傅雷）批評後，停筆的〈連環套〉。

這些中短篇小說，幾乎構成「張愛玲小說藝術」最精華的部分。

之後，張愛玲還有零星短篇很精采，例如：〈色．戒〉，但一提張愛玲，我們所能想到的經典，全在這兩年多之間！

很驚人吧！

她不過才二十三、二十四歲而已。

用現在的經驗舉例，就是一個大學畢業生，出社會一到兩年多左右，即奠定自己不朽的文壇地位！夠嗆吧！

除了中短篇小說，張愛玲另外讓人驚豔的，是她的散文。

這期間，她紅了。邀稿者眾多。張愛玲又是靠寫稿為生的，能寫，當然要寫。

散文，於是順理成章，在小說與小說之間，像有空栽種的小花圃，於小說之樹林間，無心栽花，花蔭卻滿徑了。

在皇冠出版的《張愛玲典藏全集》裡，收錄於一九三九到一九四七年之間的〈散文卷一〉，多達四十四篇。但主要還是集中於一九四三到一九四五年之間。

可見，張愛玲在這兩年多裡，火力全開，創作力如噴泉，幾乎篇篇佳作。

為何頂峰是在這兩年多裡？

如果，時間再長一些，會不會有更多佳作？

好問題，但沒答案。

日本偷襲珍珠港，全面掀起大戰後，上海完全成為孤島淪陷區。

日本強力管控淪陷區，汪偽政權也必須虛應故事。於是左右兩翼的作家，留在淪陷區的，不想被利用，或沾上漢奸之嫌，全都停筆，不寫。

張愛玲若稍有偏左，或偏右，或流露感時憂國的念頭，她的作品就不可能被刊出。

不妨舉個例子，胡蘭成雖然是汪偽政權裡一位地位還可以的高官，但他評論張愛玲的文字，在雜誌刊登時，並不是沒有被修改、刪除的部分，如今我們讀台灣版的《亂世文談》，仍可看到當初被檢查機關刪掉的段落。胡蘭成如此，何況一介平民的張愛玲呢？

別忘了，汪偽政權只是粉墨登場，真正的導演，是日本軍部啊！

但，張愛玲卻如奇花異草，在原本應該枯竭、貧乏的淪陷區上海，竟然開出一朵一朵的鮮花！賣座，叫好。

還還讓她日後，晉升中國現代文學史的殿堂，穩坐張愛玲傳奇的寶座！這奇蹟，如何能解？天才，毫無疑問。以張愛玲文字的犀利、精準，意象的多樣、自由，她無疑是當時文壇的天才！

但，她書寫的題材，實在很「不政治正確性」。是無法反映時代主旋律的，這也是不爭事實。

但為何她會紅?!

不只當時，也包括後來，甚至，包括現在！

在當時，上海淪陷區，喜歡文學的人，是苦悶的，因為沒有東西可讀。

張愛玲不涉時事的題材，過了政治檢查關。

張愛玲充滿色彩之文字，滿足了當時文青的口味。

張愛玲探幽老中國過渡到現代中國的，夾縫中的那群適應不良的人的心靈世界，肯定感動了許多同樣不知所措的一般民眾。

換言之，張愛玲會紅，因為她既是證言人，也是代言人，更是發聲者。

張愛玲只屬於她那個時代，這是她的舞台，也是她的墓碑。
終其一生，她都沒法再創那樣的高峰了。

78 沒人能把「蒼涼」二字，詮釋得比張愛玲更蒼涼！

張愛玲為什麼會紅？

她寫的故事，不合時宜，卻合當時小市民的心態。大時代，小日子。

她的文字是關鍵。她非常用力的，以文字砌磚，築起她自己的小說城堡。如她所言，有時過於用力，不免堆砌。

她本身的故事，則是東風。被一代又一代的張迷，不斷的借東風，吹奏起難以抹滅也不免失真的傳奇。

張愛玲很早，就對自己的文字非常有信心。

她家學淵源，是不錯的。

雖然父親對她不好，她也對父親沒什麼特別感情。

不過，她自己也數度說過，從父親的書房裡，看過一些書，也與父親聊過一些書。

她那一代，書香世家，古書還是很重要的底子。

張愛玲對《紅樓夢》、《金瓶梅》等經典的熟稔，是沒有話說的。

她甚至，硬是寫了一本《紅樓夢魘》。

若問我，書好嗎？

很夠水準。但一般張迷，應該不會有太多興趣。

紅學專業界呢？應該會在研究紅學時，帶上一筆張愛玲，但不帶，亦無所謂。

也許，「夢魘」這書名，說明了一切。難怪，終其後半生，她再也不碰很理論的著作。

胡蘭成也說過，張愛玲「不看理論的書」，甚至也「不喜歷史」。

張愛玲至今大概也僅有一篇，稍稍有歷史論述的文章，胡蘭成在《今生今世》裡提過，就是那篇〈更衣記〉。洋洋灑灑，談了中國服裝演進的一個大概。說真的，一碰硬梆梆的題材，張愛玲的文采，便打了折扣。

但張愛玲在小說中，對人物的服裝造型首飾打扮，常常有非常細微的描述。這部分，尤其是，她描述性的文字，如果讀過《紅樓夢》、《金瓶梅》的人，一定很感親切。

她幾乎是轉換了這兩部經典小說的文字，恰如其分的，應用於民國以後，晚清餘風猶在的那些男人與女人身上。

「張愛玲自己便是愛描寫民國世界小奸小壞的市民，她的〈傾城之戀〉裡的男女，漂亮機警，慣會風裡言，風裡語，做張做致，再帶幾分玩世不恭，益發幻美輕巧了。」

「現代大都市裡的小市民不知如何總是委屈的，他們的小奸小壞，小小的得意，何時都會遇著大的悲慘決裂。」

胡蘭成很敏銳的看到，張愛玲的小說，何以能在淪陷區的大上海市裡，引起那麼多的關注。

因為，她寫的，就是大都市裡，「小奸小壞」、「小小得意」的小市民啊！

這些人，被困在淪陷區上海。

只能等待。

但等什麼呢？

一部中國現代史，革命四起，殺戮陣陣，多少人頭落地，多少熱血白拋，小市民能等待什麼呢？

難怪，張愛玲要說「個人即使等得及，時代是倉促的，已經在破壞中，還有更大的破壞要來。有一天我們的文明，不論是昇華還是浮華，都要成為過去。如果我最常用的字是『荒涼』，那是因為思想背景裏有這惘惘的威脅。」

張愛玲自己是處於時代夾縫中，命運一再被推著走，由衷的有感嘆，情動於中，文字發乎其外。

但，她肯定沒料到，她自己的作品，竟然衍生了類似寫實主義論者，所標舉的文學是時代變革之動因的效果！感動了那麼多上海讀者！

為什麼呢？

因為那些被困在上海，被困在戰爭裡，被困在新舊時代輪轉的夾縫中的人，一般般普通的小市民們，都感受到了時代的蒼涼，命運的蒼涼，人生的蒼涼！

單單是把「蒼涼」一詞，推到如此普遍的感受，張愛玲的文字功力，就值得我們記住她，再一百年了！

79

張愛玲的天才夢，預知了華美的袍，爬滿跳蚤！

張愛玲預知了自己一生的流離記事嗎？

她有驚人的早慧。

在二十出頭，便在〈天才夢〉裡，寫著：自己古怪，從小被目為天才。

但童年消逝，她發現除了「天才的夢之外」，她一無所有。

而所能有的，「只是天才的乖戾缺點。」

她甚至寫著，「世人原諒華格涅（即音樂家華格納）的疎狂，可是他們不會原諒我。」

在她百歲冥誕之際，我們回顧她的一生，再來細讀這篇文章，一定會嚇一跳！

怎麼，張愛玲是預見了自己的人生嗎？

還是，她之後的人生，根本是依照她自己的藍圖，再一步步向前呢？

她寫〈天才夢〉這篇文章時，才二十一歲！

才二十一歲，她便預言了自己在現實生活裡的無能，在文字世界裡的恣意與縱橫。

她說，對「色彩，音符，字眼，我極為敏感。當我彈奏鋼琴時，我想像那八個音符有不同的個性，穿戴了鮮豔的衣帽攜手舞蹈」。

單是這段文字本身，就充滿畫面色彩，不是嗎？

她自承，愛用色彩濃厚、音韻鏗鏘的字眼，因此常常犯了堆砌的毛病。

她更為有趣的是，承認自己「仍然愛看《聊齋誌異》與俗氣的巴黎時裝報告，便是為了這種有吸引力的字眼」。

我自己寫過《紅樓心機》、《金瓶本色》，以及關於《聊齋誌異》的討論，也算對這些國學經典，有一點點了解。很能體會張愛玲為何要著重《聊齋》與巴黎時裝雜誌的文字。那是一種「料應厭作人間語，愛聽秋墳鬼唱詩」的超現實語言，也是時裝為了突顯色彩、風格，而不得不前衛的修辭！

哪裡有容得下平庸、無味、乏善可陳的餘地呢？

但張愛玲在寫〈天才夢〉時，可能已經動手寫了幾個短篇，她重視文字色澤，音韻鏗鏘的用心，在短篇小說上，自然得心應手。

可是，她應該無法料到，一旦是處理長篇小說時，太重視文字、音韻的偏好，會不會讓她在故事的推陳上，敘事結構的鋪陳上，陷入單薄的困境呢？

張愛玲短篇小說精采，是精采在她的文字極為晶瑩剔透，人物極為立體，宿命與悲情，又是那麼的順理成章。

可是，一旦拉長，張愛玲在短篇小說上的優勢，便立刻暴露出題材太窄，故事太單薄，敘事的手法不夠多元而充沛。

我之前，對比過〈金鎖記〉擴展為《怨女》後出現的缺點，就是最好的例子。

問題出在哪？

張愛玲自己給了答案，「我發現我不會削蘋果。經過艱苦的努力我才學會了補襪子。我怕上理髮店，怕見客，怕給裁縫試衣裳。許多人嘗試教我織絨線，可是沒有一個成功。在一間房裏住了兩年，問我電鈴在哪兒我還茫然。我天天乘黃包車上醫院去打針，接連三個月，仍然不認識那條路。總而言之，在現實的社會裏，我等於一個廢物。」

「在待人接物的常識方面，我顯露驚人的愚笨。」

我等於一個廢物！張愛玲如是說。

張愛玲在二十一歲發表這篇散文時，她的朋友讀了，也許覺得好笑。

但我們做為讀者，捕捉張愛玲一生的軌跡，卻一定會心裡毛毛的，天啊，怎麼張愛玲就一輩子走不出自己已經看到的人生路障呢？

真慘，她就是要做自己預見的張愛玲啊！

拋開人際的互動，張愛玲能欣賞蘇格蘭兵營的bagpipe，能坐在微風中的藤椅上，吃鹽水花生，看雨夜裡的霓虹燈閃爍，在雙層巴士上伸手觸碰路旁樹尖的綠葉。在不與人交接的場合，她充滿了生命的歡愉。

然而，二十一歲的她，已經承認了，她一天都不能克服這種咬嚙性的小煩惱，於是，那金句終於過早的現身了：「生命是一襲華美的袍，爬滿了蚤子。」

讀懂了這篇〈天才夢〉，我想我更懂她晚年那張，拿著金日成過世新聞的報紙，似乎頂著假髮的，暴露自己枯萎老年照片的用心了。

80

生前最後一張問世的照片，充滿嘲諷的詭異！

一九九四年「時報文學獎」，突然頒發了「特別成就獎」，給張愛玲。

大家很期待，她能現身台灣。

但她沒來。

事後來看，這個獎，頒得恰如其時。

因為隔年的九月八日，她便過世於洛杉磯的住所，享年七十四歲。距離她的生日，只差二十二天。

張愛玲的晚年，經濟狀況稍好，版稅固定收入，維持生活不成問題。但她的健康很差。尤其皮膚病，困擾她許久，幾近於精神上的痛苦了。基本上，晚年雖然未曾停下筆，不過的確沒有什麼新創的作品了。

她生前未發表，身後被列為理解她看待自己人生的三部曲，《易經》、《雷峰塔》、《小團圓》，解碼「張愛玲傳奇」有餘，就文學尺度而言，不能算好。

未出席頒獎典禮的張愛玲，卻發出了一張照片，憔悴的臉龐，眼神炯炯，頭上的亂髮，有人說是假髮，也有與她親近的人信誓旦旦是真髮。

但最搶眼的，可能不是張愛玲自己，而是她手中的一份報紙，斗大標題：主席金日成昨猝逝。

金日成是當時北韓的最高領導人。他的兒子金正日繼位，之後是孫子金正恩。

若用現在流行的修辭，這老太婆張愛玲還滿搞笑的！

金日成猝逝的日期是一九九四年七月八日。

張愛玲拍攝照片的日期是隔一天。

她是要告訴大家，哦，I am OK，我還在。

但她為何要用金日成的猝逝新聞？我相信是巧合，她只是要用最接近現況的一個憑證而已，日報當然最可信。

只不過，就那麼湊巧，北韓金日成過世！

用一份報導金日成猝逝的新聞，來宣告我還在，別擔心，確實不無幽默感！

這又不禁讓她的粉絲們心疼，歷經了那麼多滄桑與不順，張愛玲依然挺立在那！她還在，她只是衰老很多而已！

晚年的她，心情應該不會太好吧！

她的美國夢，她的英文小說夢，都不成功。

一生撲朔迷離的感情，在賴雅之後告終。

外界愈是鋪陳「張愛玲傳奇」，愈是顯現了張愛玲孑然一身的孤獨。「時報文學獎」頒發一個特別獎，應該也是對「張愛玲傳奇」的一個錦上添花。如今事隔多年，「張愛玲傳奇」早成定論，張愛玲在文學史上的地位，亦有其屹立不搖的分量。但我們回頭再看當年時報文學獎，頒給張愛玲特別成就獎的讚詞，實在不得不說，寫得真平庸！

【特別成就獎】

張愛玲（本名張煐）

【簡介】河北省豐潤縣人，一九二一年生於上海。香港大學肄業，曾任加州柏克萊大學中國研究中心研究員，現寓居美國洛杉磯。張愛玲九歲即開始嘗試寫作。二十二歲發表小說〈沉香屑——第一香爐〉、〈沉香屑——第二香爐〉，劇本《金鎖記》為傅雷譽為「文壇最美的收穫之一」。大陸淪陷後，張愛玲以筆名「梁京」在上海「亦報」發表作品多篇。張愛玲的小說是純粹上海傳統的小說，如胡適之所云之「細緻、忠厚、平淡而近自然」。曾出版作品有：散文集《流言》、《悵然記》、《對照記》，小說《傳奇》、《秧歌》、《怨女》、《半生緣》、《海上花列傳》等多種。

這個「特別成就獎」，在張愛玲之前，沒有。有的，是「文學成就獎」，梁實秋、葉石濤拿過。得獎人屈指可數。

為何不是「文學成就」而是「特別成就」？

費解！

很有可能，我猜，是因為張愛玲與台灣毫無瓜葛，除了一次不到一周的旅遊外，其他的，只是在台灣很受歡迎而已！不像梁實秋至少晚年都在台灣，葉石濤更是台灣文壇耆老！

劇本《金鎖記》，顯然是小說〈金鎖記〉之誤。

大陸淪陷後，張愛玲以「梁京」筆名，其實發表的作品並不算多。

硬說張愛玲的小說，是上海傳統的小說，也非常怪異。而《海上花列傳》並不是張愛玲的作品，張愛玲只是它的註譯者。

引用胡適的評語，而不是確立張愛玲在中國現代文學史地位的夏志清評語，尤其顯得並不專業！

張愛玲以那張怪異的照片，加以回應，或許亦是一種無奈的表態吧！你們其實一直不懂我。

直到晚年，張愛玲也沒有接納她唯一的弟弟

「時報文學獎」頒了「特別成就獎」給張愛玲，張愛玲則拍了一張詭異的照片，做回應。尤其以手拿報紙斗大新聞標題「主席金日成昨猝逝」，以及她一頭雜亂頭髮，眼神飄忽嘲諷，最令人不可思議。

事後來看，這個獎，這張照片，都像一個時代告終的訃聞。

因為隔年，一九九五年九月八日，她因為數日未出房門，引起擔憂，開了門，發現已經因為心臟衰竭，停止呼吸三、四天了。

被發現時，她一個人靜靜躺在地上，「看似淒涼，但她晚年多病，未嘗不是一種解脫」。

這是夏志清在《張愛玲給我的信件》一書裡，對寄給張愛玲的最後一封信（是一張明信片），所做的按語。

夏志清這張明信片，寫於一九九四年十二月七日。張愛玲看來是沒有回信。夏志清在明信片裡，問候了張愛玲的健康，道賀了時報終身獎的肯定，也說自己身體還好，但每天工作時間實在不多等等，屬於老友間的致意與言談。

而張愛玲寫給夏志清的最後一封信，則是一九九四年五月二日。

信中一再道歉，自己疏於問候。抱怨自己感冒一年多，牙齒不好，拖了兩年多始終未解決。因而對來信，也就意態闌珊，「收到信只看帳單與時限急迫的業務信。」

這封信，還特別提到，對自己作品給別人翻譯，是件痛苦的（painful）事。

可見直到晚年，她若體力還行，中文作品要英譯的話，她仍堅持自己動手，不願假手他人。這依舊是不被歲月摧殘的「張愛玲風格」。

只可惜，風燭殘年的張愛玲，畢竟距離死神招手，只剩一年多的時光了。

莊信正收到張愛玲的最後一封信，要比夏志清幸運，再晚五個月。是一九九四年十月五日。

這封信，一樣抱怨了身體健康不佳，閒暇只看看報紙電視，不與人接觸。

她有特別提到「正在寫的《小團圓》內容同《對照記》，不過較深入。」

這封信，提供了我們理解《小團圓》的佐證。

張愛玲自從一九七〇年代中期，由於胡蘭成在台灣復出的緣故，答應宋淇夫婦暫時撤銷出版《小團圓》之後，直到晚年，她還在修改《小團圓》！可見，她有多在意這本書！

這封信，還提供了一個線索，讓我們釐清張愛玲與她唯一的弟弟，張子靜，兩人間的關係。

張愛玲自己爆料了許多家族裡的矛盾、緊張與祕密。張子靜自小便是父母親的出氣筒，常常受虐。挨打，便是一例。

她在這封信裡，提到張子靜寫了一本關於她的書，台灣的「大地出版社」想出，但她不同意。

張愛玲批評張子靜講的關於她挨打的往事，「他記錯了是a Freudian slip，wishful thinking，他近年來對我誤會很深，因為我沒能力幫助他。」

張愛玲不是第一次使用這個詞彙了，她在《對照記》裡曾親自注解過。「Freudian slip（茀洛伊德式的錯誤）。心理分析宗師茀洛伊德認為世上沒有筆誤或是偶爾說錯一個字的事，都是本來的心裏就是這樣想，無意中透露的。」

這話，用在批評自己的弟弟上，口氣非常嚴峻，是高明的有學問的罵人。也就是說，張子靜講這件張愛玲小時候犯錯被挨打這件事，根本是捏造的，為何「要」捏造呢？只因為，張子靜才是自小被父母親虐待，毆打的對象，而非張愛玲！

張愛玲大概在心中愈想愈氣，於是在罵她弟弟犯了a Freudian slip之後，再補上更重的一刀，wishful thinking！罵他根本一廂情願！

姊弟之情，到了張愛玲晚年，仍然是一團漆黑，毫無和解可能！

張愛玲一生一世的家庭糾結，她不是沒有恨、沒有怨，這都在《易經》、《雷峰塔》與《小團圓》中，恩怨分明的條列了！

張子靜寫姊姊張愛玲的書《我的姊姊張愛玲》，最終在張愛玲過世後，由時報出版公司為他圓夢出版了。張子靜終其一生，也是在姊姊張愛玲的陰影下，活著！他終生未娶，一人獨居。他也許愛姊姊，但姊姊並不愛他。

82

他們靜靜躺在她的血液裡，等著再死一次

張愛玲晚年時，很愛用佛洛伊德的概念，她批評她弟弟有 a Freudian slip，因此「捏造」了她被爸媽打的故事。

依她的說法，是她弟弟張子靜，被父母虐待，常常挨打。

Freudian slip 該怎麼解釋？

直接用她們姊弟為例，就是張子靜的犯錯（說張愛玲被打），根本不是無心之過，而是有心之過。是潛意識裡他對自己常挨打而姊姊張愛玲卻從未挨打這事實，或記憶的一種反彈。

但，張愛玲自己呢？

早在張愛玲成名於上海的一九四〇年代，佛洛伊德的理論已經傳遞到中國了。張愛玲小說中，不無運用佛洛伊德潛意識的鑿痕。

但她中年以後，客居美國，對佛洛伊德的學說，應該認識比以往更為深刻。或者，她反思自己的人生時，是否也在佛洛伊德的幽靈中，不斷回眸自己的陰影呢？

有趣的是，我們若以子之矛，攻子之盾的話，難道不能問問張愛玲：那妳呢？妳就沒有Freudian slip嗎？

妳會不會因為，知道存在著Freudian slip，因而更加謹慎，更小心的不犯錯，卻反而讓我們觀察到更幽微的潛意識內在呢？又或者，妳會故意留下線索呢？

張愛玲的好友，宋淇夫婦的公子宋以朗，曾經分析過，張愛玲四度於不同的時間，不同的著作裡，反覆提到家族對她的影響或陰影，而句法幾乎一致。

我不妨整個引用，以便跨時空的，細細來分析一下：

「一個人死了，可能還活在同他親近愛他的人的心上，等到這些人也死了，就完全沒有了。」（〈張愛玲語錄〉，一九五五年）

「祖父母卻不會丟下她，因為他們過世了。不反對，也不生氣，就靜靜躺在她的血液中，在她死的時候再死一次。」（《易經》，一九六五年）

「她愛他們。他們不干涉她，只靜靜的躺在她血液裏，在她死的時候再死一次。」（《小團圓》，一九七六年）

「我沒趕上看見他們，所以跟他們的關係僅只是屬於彼此，一種沉默的無條件的支持，看似無用，無效，卻是我最需要的。他們只靜靜地躺在我的血液裏，等我死的時候再死一次。我愛他們。」（《對照記》，一九九三年）

宋以朗不愧是張愛玲最好朋友宋淇夫婦的公子，耳濡目染，對張愛玲也有深刻的觀察。

從一九五五年到一九九三年，近四十年的時光，張愛玲反覆的，不斷的，在咀嚼家族對她的影響，或陰影，到底所為何來？

從某種對比的角度看，她在《小團圓》裡，對胡蘭成都有了較為寬容的回憶與評價，何以對自己弟弟，就硬是不予寬容呢？

她既然認定弟弟心中對她有怨，因為做姊姊的都沒幫助過他，那為何在「認識到」這問題癥結的同時，她卻又刻薄地去對待自己的弟弟。

她在寫給莊信正的信上，替自己辯解，沒有能力幫弟弟。

但事實上呢？

她手邊並非沒有錢，而且幫助親人，完全是一個「有心與否」的問題，不在錢的多寡，不是嗎？

於是，我們就不得不回過頭，再去斟酌張愛玲在她於上海成名的當時，張子靜辦了一份刊物，向她邀稿，她卻斷然拒絕！

我們可以從很多角度，為張愛玲辯護，但就是不得不承認，她並不是一個「好姊姊」！

從作家的立場，與從姊弟的立場，看問題，其實斷然可以區隔出一個人的近乎情理與否！

分析過她對弟弟的冷淡與無情，再看整個家族在她身上的影響，的確可以看出一種奇特的糾結。

她的出身大戶人家，孕育了她寫作上的視野與題材，也提供了「張愛玲傳奇」的先天養分。但大戶家族的陰鬱與包袱，亦種下了她終其一生與家人疏冷、淡漠的關聯。
難怪她要說，「他們只是靜靜躺在我的血液裏，等我死的時候再死一次。」

83

我們一起解碼張愛玲的長篇障礙吧！

這世間，一定也有人，家族記憶與張愛玲差不多。

家世顯赫，但像詛咒，壓得個別成員，一輩子都不快樂。但那家族的榮光與破敗，又像烙印一般，怎麼樣都難以從自己身上撕下。

我是這樣解讀的，關於張愛玲說「他們靜靜躺在我的血液裏，等我死的時候再死一次。」

我們如今知道，包括張愛玲自己也這樣告訴讀者，她的作品裡，有很多家族的影子。

這並不意外。

很多作者，包括編劇導演，都是從自身的生命經驗中，蒐羅題材，加以虛構化，而後創造出普遍性的感同身受的好作品。

但正因為張愛玲很多作品，是她個人生命，尤其是早期家族記憶為資料庫，於是「張愛玲風格」才那麼有風格，有味道。遠遠與其他作家咫尺天涯，相去千里。

但，有一好，沒兩好。張愛玲的作品，取材自生活經驗，最終也受困於生活經驗。

我自己嗜讀小說，尤其長篇小說。

很清楚，一旦進入長篇小說的經營，作者的生活歷練，或深入思索問題的功力，便是作者格局與視野的考驗了。

舉個例子吧。

諾貝爾文學獎得主海明威，他的小說雖然總是要穿插他愛打獵，愛西班牙鬥牛，愛喝酒，等等屬於海明威的陽剛風格，但他的長篇，《戰地春夢》、《戰地鐘聲》無不依據他投入戰爭的經驗，再擴大為他自己的反戰哲學，然後以動人的故事，讓讀者掩卷而慨嘆不已！

我們隔了多年後，再讀《戰地鐘聲》，固然對西班牙內戰的歷史，以及諸多真實人物，覺得遙遠，可是，故事迤邐展開，主角、配角依情節安排陸續現身登場。內戰兩造，各自振振有詞，雙方陣營的打手，卻同樣以殘暴手法，對付原本屬於一個城鎮裡的街坊鄰居，只因為政治信仰不同！

我們讀著讀著，不僅被海明威帶入西班牙內戰的殘酷，也被他經營的男女主角因緣際會的相遇相愛，而陷入「目睹我倆沒有明天」的宿命。

很有意思的是，海明威會在小說裡，把自己家族祖父參與南北戰爭，父親黯然自殺的私密情節，巧妙的安排進男主角的生命歷程中，使得他在接受命令、完成命令的同時，亦在內心世界一再地反思人生的意義、抉擇的意義！

我們用海明威的例子，來論證張愛玲，也許是沒有意義的對比。

可是，至少在我們已經感覺到「張愛玲小說成就」的局限時，這樣的對比，會有一些啟發，讓我們理解到，張愛玲為何在長篇小說的企圖上，會一再鎩羽而歸了！

我常想，為何張愛玲的長篇小說，始終無法獲得高度評價？

量少，可能是原因之一。

長篇的張力不足，也應該是原因之一。

我所謂的張力不足，並非是指題材一定要夠大。

以珍．奧斯汀的小說做參照，都是女性在自身生活世界的題材，小愛小恨小日子，但我們讀得津津有味，除了作者有極為細膩的筆法，以及鋪陳故事的技巧外，作者也讓我們回到了她那個時代，女性如何在男性優越的主導下，以溫婉但堅毅的方式，為自己追求幸福。

但，張愛玲除了兩本被貼上反共作品的《秧歌》、《赤地之戀》，她的夠分量的長篇，亦僅僅《半生緣》、《怨女》而已！

至於，在她生前沒有出版，生後被翻譯出來的《雷峰塔》、《易經》、《小團圓》三部曲，我不認為多數人會以小說的角度去評價它們，反倒是從「解碼張愛玲」的視角去八卦的會更多。

我對《怨女》的評價，在之前，討論〈金鎖記〉時，已經表達過。

再說一遍，無妨。

如果沒有〈金鎖記〉，《怨女》還不錯。

一對照〈金鎖記〉，《怨女》顯得蒼白、鬆散、拖沓。

乃因，〈金鎖記〉這短篇，太完美。相形之下，做為延長版的長篇《怨女》，便黯然失色了。

從《十八春》到《半生緣》，張愛玲終於為我們留下一部精采的長篇！（上）

夏志清在《中國現代小說史》裡，評價張愛玲的小說成就，首推她的中短篇。長篇小說部分，只討論了《秧歌》、《赤地之戀》。

《中國現代小說史》成書之際，理論上，夏志清應該沒有讀過《十八春》。成書之後數年，《半生緣》才出版，已經來不及寫進書裡了。

這使得讀夏志清小說史的人，很容易忽略《半生緣》。

張愛玲長篇極少。

《秧歌》、《赤地之戀》由於有反共色彩，小說的藝術部分，很容易被政治立場給干擾，比方說，一九八〇年代以後，張愛玲重新在大陸受歡迎，大陸就有人批評她的《秧歌》扭曲事實，對「土改」了解不深。

政治掛帥，小說的藝術，反而顯得不重要了。

但《半生緣》是從《十八春》蛻變而來。

《十八春》是張愛玲在客居美國時，遭到陳世驤批評她的中共研究不到位時，她對水晶辯解自己並非不了解中共統治下的中國時，用來舉例的憑證。

沒錯，張愛玲當時在中共已經建政的上海，用的筆名就是「梁京」。

《十八春》從連載到出書，用的都是作者梁京。

連載時，是受到相當的歡迎。

主要原因，應該不在張愛玲把故事人物，以及故事劇情，做了配合中共體制的宣導，而是一貫的，發揮了張愛玲最擅長的小說張力，把「每個不徹底的人物」，被命運無情的推擠，最終走到，無可奈何花落去的喟嘆。而無產階級、新中國新希望等等，不過是畫蛇添足的保護色而已。

但，這樣的包裝，顯然是「很不張愛玲的」。

於是，在離開中國後，張愛玲便從事改寫的工作了。一改，便改了十五六年。

最後以《半生緣》為名，在台灣出版。

我雖然也認同張愛玲的小說高峰，在她的中短篇。

可是，在她有限的長篇小說中，無疑的，《半生緣》的成就是相當高的，不能被忽視。

張愛玲自我論斷說，她筆下的人物，除了《金鎖記》裡的曹七巧，其他都是「不徹底的人物」。

依我看，《半生緣》恰巧把這幾個不徹底的人物，在時間的跨度下，被命運無情操弄的際遇，描述得淋漓盡致。

張愛玲其實非常聰明的在《十八春》裡，以「新中國新時代」包裝化了「老中國老時代」的愛情無奈。

相愛的人，總是莫名其妙，在相互猜忌，自以為是，詞不達意，命運作弄之下，最終擦肩而過，再也回不去了。

這些愛情故事，只不過，在中共嚴格的意識形態控管下，必須要給它一個新時代來臨，「一切都不一樣了」的包裝，才得以過關。

但，讀者哪裡是笨的呢！

當然會跳過不得不掩飾的政治包裝，而直指愛情最無言的浪漫與悲情。

這應該是《十八春》在一九四八到一九五〇年之間，從連載到出書，一直受矚目的真正原因。

只是，不知有多少人知道，張愛玲就躲在筆名梁京的背後呢？

張愛玲離開中國後，改寫這長篇，去掉了政治包袱，還原她最擅長的情場男女試探，婚姻不能不思考家庭因素，愛情終有有情人難成眷屬的遺憾等等極為複雜的人際牽扯，讓我們看到了她在長篇小說上，格局不大，卻繾綣纏綿，悱惻萬端的能耐。

我們現在不易讀到原版《十八春》了。

張愛玲應該也不樂見張迷去挖掘出土這掩藏於梁京名下的「新中國張愛玲第一個長篇」。因為她有不得不的苦衷，否則，她不會大修《十八春》。

85

從《十八春》到《半生緣》，張愛玲終於為我們留下一部精采的長篇！（下）

張愛玲的《半生緣》，儘管前身《十八春》是從一九四八年開始連載，一九五〇年才出書，政治形勢的變化，迫使張愛玲必須畫蛇添足的，修改劇情以吻合中共建政後的文學主題。

但，我深信，在一九四八年起，政局仍在混沌之際，許多讀者之所以感動於《十八春》，絕對不是被其中人物的「政治正確」而感動，相反的，恰恰是被張愛玲一貫的，小情小愛的纏綿與悱惻，無情天地有情人生的困惑而感動。

而《十八春》也罷，《半生緣》也好，都觸及了人生極為常見，又徒乎奈何的「初戀情結」與「人生際遇」的碰撞。

當男女主角，相隔十四年（或十八年），各自經歷了人生的風雨，婚姻的糾結，感情的創傷，再次相逢，百感交集，女主角淡淡一句：「我們回不去了！」是會讓多少中年男女，黯然神傷於這句話的殺傷力！

其實，為了配合政治立場，而畫蛇添足，是非常不適合張愛玲的。

歷史時空，政治環境，在張愛玲多數的小說世界裡，可以形同虛設，而無礙於小說人物的登場，以及完成該有的角色。

或者頂多是，一個藉以鋪陳小說人物，意外實踐自我的變數而已（例如：〈傾城之戀〉）。《半生緣》的精采，是張愛玲把一段非常芭樂的、肥皂劇的煽情題材，寫到讓人蕩氣迴腸，感嘆不已！進而，讓讀者也悲憫起自己的人生、自己的際遇。這是張愛玲最厲害，也最迷人的擅長。

說故事本身芭樂，不是沒原因的。

男女主角互有好感，但硬是好事多磨。有時，是顧慮旁人觀感。有時，是自己想得太多。有時，是無謂吃醋。有時，是彼此誤解。有時，是有人作梗。有時，是陰錯陽差。

最終，男的，娶了別人，女的，嫁了不愛的。

而彼此心中卻始終懸念著，那一年，那一個人，來到了自己的窗前，而你，打開了窗，迎接他。

卻最終，又失去了他。

不是幾幾乎，所有的愛情故事，都有或多或少的類似的糾纏與無奈嗎？

但張愛玲卻能夠，以她俐落的情節處理手法，觸動靈魂深處的文字，把這芭樂一樣的劇情，推陳得扣人心弦，撼動不已。

她鋪陳女主角曼楨的姊姊曼璐，為了籠絡自己好色的老公不去外頭鬼混，竟然狠下心，設局讓曼楨落入圈套，被姊夫強暴生子，活活毀了一輩子的幸福。

但，張愛玲的寫法，則讓讀者在驚心動魄之餘，亦不得不聽到曼璐的控訴：為什麼是她要犧牲自己，下海當舞女？為什麼是她，犧牲了自己的愛情，成就家人的幸福？她為家人做了這麼多，就不能為挽救自己的婚姻，做一些不道德的掙扎嗎？

張愛玲讓我們看到，每個人都在自己的處境裡，覺得世界不公平。因而彼此踐踏、傷害，但什麼又是公平呢？

也許，唯一公平的，是時間吧！

悠悠時光，磨平了苦難的傷痕。悠悠時光，平淡了曾經的吶喊。

亦唯有悠悠時光，讓兩人在歷經劫難之後，滿臉滄桑，滿心感嘆的，在擁抱之餘，也深深知道「一切都回不去了」，「我們也回不去了」。

張愛玲的中短篇太搶眼，因而使得她的長篇企圖，被中短篇的光芒掩蓋了。

最可能的致命傷是，她的長篇太少，少到難以跟小說巨擘的規格相比較。

但即便如此，《半生緣》依舊足以讓張愛玲驕傲的向世人證明，她還是有長篇佳作的。

只是太可惜，《半生緣》（一九六九年）之後，張愛玲的長篇小說，便嘎然而止了。雖然她身後留下幾部英文自傳體小說。

86

怎麼評價《秧歌》與《赤地之戀》呢？
——張愛玲一度對陳若曦的《尹縣長》走紅吃味！

張愛玲問世的長篇小說，不過就四部。

依出版年代，分別是《秧歌》、《赤地之戀》、《怨女》、《半生緣》。

《怨女》是短篇〈金鎖記〉的加長版。有一定的水準，不過，被〈金鎖記〉的光芒壓得太緊。

《半生緣》應該是張愛玲最好的長篇。不以格局取勝，但以情節的緊湊，人物刻畫的成功，以及人生際遇的無言，贏得許多讀者的暖心按讚。

剩下的兩部長篇，《秧歌》與《赤地之戀》則要放在一起討論。

因為，這兩部長篇，都有「反共的色彩」。因為反共，至今還無法在中國的簡體字版「張愛玲全集」中出現。

但有趣的是，網路上卻找得到，批判張愛玲不懂「土改」，曲解歷史的批評。

《秧歌》是被胡適肯定的。但胡適並非專業文學批評。倒是夏志清也高度評價《秧歌》。使得《秧歌》在張愛玲的長篇小說創作中，是被寫進《中國現代小說史》裡的。《秧歌》也順利在英文出版界取得門票，成為張愛玲第一本英文小說。當時口碑亦佳，不過銷路平平。

《赤地之戀》的命運則多舛。

一則，張愛玲自己承認，是被受命撰寫的，故事的框架，不少是被設定好的。

再則，中英文版本的出版，都沒那麼順遂。連帶的，中英文版的市場反應，都不好。對張愛玲是不小打擊。

尤其，《赤地之戀》直到一九七〇年代，在台灣都還無法出版，這明明是本反共的小說，卻在反共聖地台灣無法出版，不僅張愛玲不解，連夏志清也很納悶。但更讓張愛玲挫折的，或許還是陳若曦的《尹縣長》，出版後大獲成功這件事。

一九七四年《尹縣長》出版，書市叫好又叫座。

一九七九年英文本出版，由殷張蘭熙與葛浩文（Howard Goldblatt）聯手翻譯。著名的漢學家兼中共專家Simon Leys寫序。從譯者到寫序者，都是一時之選。看在前輩張愛玲眼裡，應該感嘆萬千吧！

我們不妨回顧一下。

記得張愛玲唯一的台灣行嗎？

她與台北文壇唯一吃的一頓飯，在座的，就有陳若曦、白先勇、王禎和等等《現代文學》的一票青年作家。殷張蘭熙當時也在場。

這群人，當時看張愛玲如神人一般。張愛玲也不會太把這群小朋友放在眼裡。

她怎麼會料到，之後其中一人，陳若曦，竟然在「反共文學」上，超前她，還聲名大噪呢！

難怪一九七八年底，她寫信給夏志清，不無對台北文壇有些人說她「過時」，很有感嘆。她指的是顏元叔。

夏志清在書信集上，對此做的按語，則又點出葉石濤，這位台灣本土文學批評家，也認為張愛玲過時了。

夏志清應該說得沒錯。

張愛玲早在一九五〇年代中期，以《秧歌》、《赤地之戀》，先知灼見的，揭露中共統治真相，但未受到重視。

反而是，一位曾經對中共意識形態高度信仰的人，由於在中國生活，發現自己受騙，因而在幻滅之餘寫出來的小說，能獲得肯定。

在張愛玲來看，這無疑是雙重標準。

這封信，透露了張愛玲「心中的不爽」。連夏志清都覺得張愛玲「看到一個剛交運的後輩走上世界文壇」，「實在不必眼紅而顧影自憐」。

張愛玲則是近兩個月後，在另一封寫給夏志清的信上，道歉自己「上次信上有些話顯得太petty，來信請千萬不要提了」。

Petty，是小氣。小鼻子小眼睛。

堂堂張愛玲怎麼可以如此petty呢！她可是有傳奇性的人物啊！

但，這些書信，記錄了她的心境。也顯露了，她對闖蕩英文出版界的失落感，以及對自己長篇小說的成就感，很焦慮。

87

怎麼評價《秧歌》與《赤地之戀》呢？

——即便肅殺恐怖，張愛玲仍能彰顯現代主義美學技巧

張愛玲的《秧歌》、《赤地之戀》之所以在她的作品裡，顯得突兀，實在是因為之前的張愛玲，完全不是一個會指涉現實政治的作家。

〈傾城之戀〉也頂多是把香港淪陷日軍之手，當作促成一段姻緣的背景而已。但《秧歌》、《赤地之戀》是把整個小說放進中共建政後，「土改」的脈絡裡，來發展情節。

胡適說，《秧歌》談的是飢餓。也沒錯，裡頭的人物，上自城裡派來的幹部知識分子，下至世代務農的村民們，無一不處於飢餓狀態。

但，飢餓何來？不是因為政策錯誤嗎？

政策既然錯誤，何以一向有農民起義傳統的中國，又那麼輕易的當起順民呢？

我認為《秧歌》、《赤地之戀》最令人膽戰心驚的，是它刻畫出中共政權介入社會體系的可怕，在於製造矛盾、製造人與人之間的不信任感。

共產黨正是扮演這製造矛盾的角色，然後予以操弄控制。每個人，在共產體制下，都被切割成

孤零零的孤島，任黨宰割。

《秧歌》是透過共產黨打游擊出身的基層幹部，以及投身共產黨的左翼知識分子，兩種視角，看到土改對農村造成的重大傷害。

《赤地之戀》是讓下鄉的大學畢業生，目睹土改的殘酷，鬥爭的慘烈，共產黨幹部的冷血。

在小說藝術的呈現上，《秧歌》比《赤地之戀》細緻。張愛玲更多的現代主義式語言美學，在《秧歌》裡，還能時不時跳出來，令人驚豔，但在《赤地之戀》裡，相對便少了許多。

而且，推陳情節，《赤地之戀》顯得急促，顯得很像急著要讓讀者知道作者想表達的意圖。

也難怪，論者會在比較兩本反共小說時，偏愛《秧歌》多於《赤地之戀》。

但，就反共小說而言，這兩本小說，可讀性還是很不錯的。

陳芳明在《台灣新文學史》裡，盛讚張愛玲「以她的小說，具體示範給台灣讀者認識何謂現代主義美學。她擅長描寫封鎖、出走、斷裂、背叛、隔絕等等的隔離美學，最佳的作品當可見諸〈傾城之戀〉」。

這評價，確實允當。

但張愛玲最厲害的，莫過於，她連在以鄉村為場景，以土改為事件的《秧歌》與《赤地之戀》裡，都能不時穿插極為動人的現代主義美學！

在這兩部長篇裡，張愛玲極為意象式的語言，與孤絕的造境，仍在她描述一些場景，或營造氣氛時，讓人印象深刻。

舉個例子吧！《秧歌》裡，她以要為解放軍的家屬採辦年禮而殺豬的家庭，貢獻了唯一的一隻豬，殺豬的譚老大，「有一隻籃子裝著尖刀和各種器具。但是他先把嘴裡啣著的旱煙管拔了出來，插在籃子柄的旁邊。那籃子很美麗，編完了還剩下尺來長的篾片，並沒有截去，翹得高高的，像圖畫裡的蘭花葉子，長長的一撇，筆致非常秀媚。」

這非常張愛玲的技巧，點綴出可怕的對照。

籃子本身的美，映照出一隻即將被宰殺的豬的命運。映照出一家省吃儉用，卻被迫要奉獻出自己家當的悲哀！

張愛玲仍舊是張愛玲，即便她寫的是共產體制下的控訴。

這兩部小說，並未讓張愛玲成功打入西方出版界。

這兩部小說，也是她僅有的，以農村為題材的小說。但並不成功。

彷彿像是命中注定一般，「張愛玲傳奇」還是要回到她成名的上海，回到傳奇化的人生際遇上。

這兩部反共的小說，在中國大陸不允許出版，在台灣或華人閱讀群裡不被重視，成為「張愛玲傳奇」中，一段詭異的經歷。

張愛玲不可能預料，我們這些後來的讀者，也僅能慨嘆，「張愛玲傳奇」畢竟也難逃「中國現代史內戰分裂」的干擾。

88

香港，張愛玲小說的活水，一輩子的情結

張愛玲之所以有傳奇，源頭當然是她的文字風格，迷人且魅惑。完全張愛玲，他人學不來。

而這一切，起點則在一九四三年。

那一年，她大爆發，彷彿瞬間，在上海揚起一陣風，颳起一陣雨。

我們如今在「張愛玲典藏全集」，《短篇小說卷一．1943年作品》，可以一覽無遺她在那一年裡，九個中短篇小說齊發，氣勢如虹。

不能不驚訝，九個中短篇，無一不好，無一不試探敘事的各種新嘗試。

我們迄今，稱讚的張愛玲中短篇，這一年包下了大半。氣勢，還延伸到隔年，一九四四年。

這一年的竄起，也引起了胡蘭成的注目。

因文字，而結緣，並非空前而絕後。

但張愛玲這一段文字情緣，卻傳奇至今。

《短篇小說卷一．1943年作品》，有四篇以香港為背景，印證了張愛玲說的，是要寫給上海人

看的香港故事。

這四篇，都是分量質量俱足的佳作。

〈傾城之戀〉雖被迅雨批評結構失之於空洞。但無疑的，卻是張愛玲傳世的佳作之一。上海離婚女子，透過婚姻，已經不是昔日的傳統價值觀的女子了，卻遇上南洋歸國富二代，深深迷戀她既能跳舞玩樂，又維持東方女性柔媚的吸引力。

一場看似流於闊少養情婦的感情八卦，竟然因為香港的淪陷，成就了一位婦人的婚姻期盼！管它能否天長地久，此時此刻，擁有對方，能點燃蚊香，一夜好眠，不就是幸福嗎？

〈茉莉香片〉，一位陰性氣質的男孩，知道母親生前曾經與自己的教授情牽一段，偏偏那麼湊巧，教授的美麗女兒對男孩情有獨鍾。但男孩悶頭栽在兩代的感情牽扯中，卻拙於言辭，不知如何處理，導致他只能以忿怒，痛苦，回應外在的世界，也平添了周遭人對他更為不解的誤解。小說，隱隱然，把張愛玲與父親的緊張關係，把弟弟飽受父母虐待的情節，嵌入故事中。

這篇小說，張愛玲顯然嘗試了接近意識流的手法，對少男的內心劇場，有很棒的細節描述。

〈第一爐香〉，以上海姑娘葛薇龍，為了想留在香港繼續讀書，而住宿於姑媽的豪宅中。姑媽是靠周旋於富商名流之間，以交際花的手腕為生的，耳濡目染，上海姑娘愈陷愈深，心甘情願的，接受起自己原先鄙視的一切。賺錢，做個有錢不被輕視的美女，是小說女主角葛薇龍最後的價值認定。張愛玲很敏銳的，把上海人與香港人的價值選擇，尖銳的，區隔出來。

〈第二爐香〉，尤其令人寒毛直豎了。

張愛玲直接處理了一個很具挑戰性的題材，香港是殖民地，許多來自殖民母國的男女，他們最佳婚姻選擇，還是自己人配自己人。但並非具有殖民者身分的，都同時具備優勢社經地位。這是個好問題。

張愛玲敏銳的看到，沒有優勢社經地位的殖民者男女，雙方的婚姻會是怎樣的婚姻呢？

一個來自殖民母國的教授，單身許久，傳言私生活放蕩，要迎娶一位年紀輕輕的女孩。這女孩，顯然性知識是極為保守單純的，她來自寡母帶著三個女兒的一般家庭，社經地位不高，無法高攀名門世家，能嫁一位教授也算不錯選擇。

但她姊姊婚姻失敗，抑鬱寡歡，住在娘家，為即將新婚的妹妹，帶來對新婚之夜對性體驗的恐懼。

果然新婚之夜，新娘暗夜逃奔到男生宿舍，引發一場風波。

小說最觸目驚心的結局，是男方驚聞新娘姊姊的離異姊夫，竟然自殺身亡。他也在一個人回到住處後，面對空蕩蕩的家，一個人點燃煤氣，在聞起來甜滋滋的氣味中，迎向死亡。張愛玲初生之犢，儘管小說仍有交代不清的缺點，可是，這篇小說企圖心與格局，是沒話說的。

89

讀〈第二爐香〉，老讓我聯想到莒哈絲的《情人》！

張愛玲在一九四三年之後，作品觸及香港題材的，便大幅減少了。這也合理。畢竟張愛玲還是上海人，中國社會她最熟悉。我們若夠細心，她的香港小說，內容上，多半仍環繞於華人文化、華人網絡裡的種種糾纏。也因而，〈第二爐香〉便十分搶眼而難能可貴了。

於是，張愛玲不再碰觸類似〈第二爐香〉的殖民文化題材，我個人深深覺得可惜。固然〈第一爐香〉、〈傾城之戀〉知名度高，我相對卻很欣賞〈第二爐香〉。

它應該是張愛玲，以一位外來者（上海人），到香港讀書那幾年，以她敏銳的觀察力，看到了香港一群英國白人的生活世界，因而暫時脫離了她慣常議論華人社群與新舊文化調適的關切，轉而直接觀察殖民者社群中，社經地位不高的一群白人，在殖民地到底處於怎樣的一種「飄浮狀態」。

我必須說，這是張愛玲很「令人驚豔」的一篇佳作，可惜，後續乏力，未曾再見。

如果，我們對比四十多年後，法國知名作家瑪格麗特．莒哈絲的《情人》，（沒錯，是那部被拍成電影，由金馬獎影帝梁家輝擔綱男主角全裸露屁股的小說原著。）你就必須讚佩張愛玲有著與莒哈絲相近的敏感度，觀察到了，在殖民地儘管存在著殖民者與被殖民者的緊張矛盾。然而，在殖民者群體中，也依舊有著階級、政治、社會的種種內部矛盾。

莒哈絲處理的是，在殖民統治與被統治者之間，可能因為財富，社會地位的反差，而出現「統治者／經濟低階」vs.「被統治者／經濟高階」的落差，於是華人富二代愛上了法籍貧困女，一場穿越種族的愛情，最終未必穿越得了階級的高牆！

注定是一場悲劇。

張愛玲處理的，純粹是統治者群體中，同屬於中低階層的族群，這些同一種族內男女的相愛，沒有門第家世的匹配，只有女方找一張長期飯票，男方娶一個美麗嬌妻的世俗考量。

唯其是世俗的婚姻，因而受到很多世俗價值的左右。

張愛玲也冷靜描述了，英國其實非常保守的性教育與性意識。相對而言，在英國人眼裡，落後的東方卻反倒在性的啟蒙上，可能比那些白人家庭更為早熟而世俗。

「人言可畏」是張愛玲處理「人的不徹底性」最精采的布局。

〈第二爐香〉的男主角羅傑安白登，到底是個怎樣的人物？張愛玲是透過一層又一層的人際網絡，讓我們看到他在旁人眼中的形象。

但，他真的是旁人眼中的那樣嗎？

他自己難道沒有堅定的自我信念嗎？

張愛玲喜愛探索「不徹底的人物」，在這篇小說中，再度呈現，這回是以老外白人的形象出現。可見，不分中西，每個人都是孤獨的，都是脆弱的，都是在人際關係中被定位的，這是張愛玲小說裡，人物的可悲與可憐，然而一旦頑強起來，卻也是可敬、可懼的。

張愛玲在香港學業因日本占領而中輟。這是她一輩子的遺憾，因為倘若沒有這場傾城之陷，她應該會畢業，她或許有機會去英國念書，一旦命運如此，她絕對會有完全不一樣的人生路徑。她，還是張愛玲，但她，還是「傳奇張愛玲」嗎？

我看是不會的。

我們讀她過世後出版的《雷峰塔》、《易經》、《小團圓》，提供了許多分析她小說，佐證她人生的線索。

但，有沒有注意到，基本上，她都像是在喃喃自語、叨叨絮絮的一個老人，不斷地在重述糾結她一生的家族血緣與人際遭遇。

我始終覺得這三本被稱為自傳小說三部曲的書，「解碼張愛玲」的意義，要遠大於「文學張愛玲」的價值！也難怪她始終得不到英文出版社的青睞。

相形之下，我們回頭讀她一九四三、一九四四那兩年的中短篇小說，就彷彿看到一顆東方明珠，在黃浦江上旭日東升。飽滿而晶瑩剔透，久久猶然如新。

90

淪陷區裡的小市民小日子小樂趣：張愛玲為什麼受歡迎

讀張愛玲一九四三、一九四四年這兩年的小說或散文，讀著讀著，我常常會移開視線，微微翹首，往遙遠的那個年代，遙想著：到底是哪些人，在那圍城裡，讀著張愛玲的文字呢？

一九四三、一九四四年，太平洋戰爭已經爆發數年，日本偷襲珍珠港，讓自己東西戰線開打，漸漸顯露力有未逮的敗象。

愈是如此，對淪陷區的控制，愈趨嚴密。

文字檢查，是可以想見的控制。

官方宣傳品，沒什麼好看的。那時最先進的媒介，無疑是廣播（張愛玲的小說裡稱「無線電」），但肯定也是管制很嚴的。

雜誌呢，茶餘飯後，沒事翻翻，看看閒雜文章，打發時光，應該是上海市民，尤其是有點知識程度的上海市民，百無聊賴最仰賴的娛樂了。

當時的雜誌，跟多年後，在影音媒體衝擊下，雜誌必須走分眾路線，以專門化、功能性為訴求，有著很明顯的差異。

當時的雜誌，還真的是「雜」而「誌」之，以市民品味為品味。

張愛玲的小說，兼具古典文學如《紅樓夢》等的傳統，又深受鴛鴦蝴蝶派的影響，能在淪陷區上海人的市場中，打出一條血路，除了時空條件外，上海人的品味，應該也是一項重要因素。

我們很容易被「淪陷區上海」這個特定名詞，限定了我們對那時期上海人的生活樣貌的理解。

沒錯，那當然是日寇統治、汪偽政權當走狗做打手的時代，左右兩翼文化人全部禁聲。

但，上海人不會不想閱讀，不會不想思索，但他們在無法「自由思索」的情況下，怎麼辦？

顏濱，這位很一般般的上海淪陷區市民，在他純樸的日記，《1942–1945：我的上海淪陷生活》，為我們大致勾勒了，一般市民的生活感觸：在乎物價的波動，在乎工作的有無，在乎不確定的時代裡日常的安頓，在乎戰火陰影下自己的未來，在乎周遭人際關係的好壞。他們也會日出而作日落而息，他們也會男女相約郊外走走，市內聚餐閒話八卦。並不會因為是淪陷區，一切日常都停擺！

不會因為是淪陷區，於是日常一切都停擺。

了解這，理解這，便明白為何張愛玲的文字，在那個獨特的時空條件下，如此具有吸引力了。

張愛玲自己說過：「上海人是傳統的中國人加上近代高壓生活的磨練。新舊文化種種畸形產物的交流，結果也許是不甚健康的，但是這裏有一種奇異的智慧。」

傳統中國人，加上近代高壓生活，再加上日本嚴密監控，上海文壇怎麼找出路？

張愛玲顯然給了一個答案。

這奇異的智慧，首先是，一種奇異的幽默感。

那可真是「傳統」加「高壓生活」的綜合體。而且還要躲過日本統治者的檢查。

我們試以〈傾城之戀〉為例吧。

日本攻陷香港，何等茲事體大！

但張愛玲卻幽幽的，不帶褒貶的，只談一個女人因為整個城市的陷落，而守住了自己的情人，進而在亂世中，攜手買菜，結婚登記，有了自己的烽火家庭！

日本人，汪偽政權，要怎麼檢查這篇小說？

總不能說連戀愛也不成全人家吧！

但，日本侵略香港，巧妙的在張愛玲小說裡成為事實，可是張愛玲卻又讓小女人的小幸福，掩蓋了大時代的主旋律。我們在欽佩她的小說魅力時，亦不免有點尷尬，時代碾壓這麼巨大，但小日子的確幸，市民又是如此的渴望。

個人的日常期待，與時代的巨輪差距如此之大，這若非有一些些幽默感，有一些些不甚健康但頗為奇異的智慧，是很難熬過的！

我們如果只從時代的標籤，大而化之去理解，是很難明白當時淪陷區的小市民心態。

91

張愛玲筆下的一般上海人，都不是幼稚的人

讀張愛玲。

隔了那麼久，隔了那麼遠的時空，再讀張愛玲，我總會提醒自己：要想像一下，要回到那淪陷區的上海，去體會上海人當時讀張愛玲的心情啊！

要解碼張愛玲在淪陷區上海，為何大受歡迎，除了她個人文采的因素外，不能不思考上海人當時的品味。

自清末以來，「海派」就是中國近代文化的一支獨特脈絡。

京派，天子腳下，雄視宇內，政治正確性是主流。

廣州，西化最早，買辦充斥，一切向外來勢力好奇。

海派，自成一格，新舊交流，衍生出奇異的「到底是上海人」的讚歎。

張愛玲眼裡，大家都說上海人「壞」，但上海人「壞得有分寸」。

上海人「會混水裡摸魚，然而，因為他們有處世藝術，他們演得不過火」。

張愛玲說，關於「壞」，一切的小說都離不開壞人。好人愛聽壞人的故事，壞人可不愛聽好人的故事。

因此張愛玲筆下，沒有一個主角是個「完人」。（可以對照她說過的，她筆下除了曹七巧，其他都是「不徹底的人物」。）

張愛玲還說，「只有一個女孩子可以說是合乎理想的，善良、慈悲、正大，但是，如果她不是長得美的話，只怕她有三分討人厭。美雖美，也許讀者還是要向她叱道：回到童話裏去！在《白雪公主》與《玻璃鞋》裏，她有她的地盤。上海人不那麼幼稚。」

上海人是無法輕易接受「童話」的。上海人沒那麼幼稚。

我一直認為，〈到底是上海人〉這篇散文，雖然文章不長，語帶幽默自嘲，但，它應該是一篇解碼張愛玲寫一系列給上海人看的小說的鑰匙。

正因為，上海人沒那麼幼稚，不會輕易接受童話，所以你不可能輕易用左翼或右翼，那樣意識形態的論述，來說服上海人！

上海人是見過世面的。

上海人是世故的，在夾縫中，他們不輕易點頭，也不輕易搖頭，他們只是安靜的，看這世界如何風裡來，浪裡去！

上海人有一種不輕易驚世也不輕易被駭俗嚇到的冷靜幽默。

張愛玲舉了個例子，說明上海人的「通」。

電車裡車窗黑漆上，刮出「公婆有理，男女平權」的字樣。

華人社會一向愛爭執「公說公有理，婆說婆有理」，但上海人會由它去吵吧，各有各的理，男女平等，鬧了這些年，平等就平等吧！「又是由疲乏而起的放任。」

我看到這句「又是由疲乏而起的放任」，不禁笑了。

這是上海人的處世哲學，是上海人在亂世中的智慧，是張愛玲筆下，淡淡幽幽的人物與世界。我們讀〈琉璃瓦〉，讀〈心經〉，讀〈留情〉，讀〈等〉，讀的都是小市民的小日常。某種無可奈何，花雖落去，你卻必須繼續活著的淡淡幽情。

〈琉璃瓦〉裡，女兒一個接一個的長大、叛逆，選擇自己的婚姻，老爸只能一步一步的退卻。看得我這個有女兒的老爸，不禁讚歎張愛玲巧妙的流露出對女性翻身的宣揚！

〈心經〉更有意思。父親竟愛上女兒同學，不惜拋妻別女，另起愛巢！母女能怎樣，一哭二鬧三上吊嗎？上海人可不愛這一套，最後是母女的相知與相惜。

〈等〉，幾個在等推拿治療的女人，在等的過程中，閒話家常，八卦是非，卻隱隱觸及，有人的老公去了後方，也可能有了新的女人。非常閒散的聊天，非常無聊的閒扯，暗暗點出淪陷區「等」的荒蕪。

〈留情〉，一對夫妻，先生夾處於妻子與前妻之間，但現任妻子雖接受現實，卻不時刺刺老公，老公竟也常常默默接受。妻子就在這微微妙妙的氣氛下，安然的挽起先生的手，讓日子一天天過下去。

小市民沒人是絕對的好。
小市民沒人是絕對的壞。
日子不也是嗎？
在那樣的淪陷區，一般的上海人裡。

92

張愛玲早期小說，對十里洋場飄零者的人道關懷！

上海，二十世紀以後，就是十里洋場，華洋雜湊的大都會。

對華人，那是一個機會之都。

對洋人，又何嘗不是淘金的賭場？

機會之都，也不是每個人都有登頂的機會，謀個混口飯吃的機會，倒是常態。

淘金賭場，雖然是洋人放手一搏的目標，但何嘗容易呢？混個教職，託些關係，教些外語，或者因為洋人身分，給華人男女一點點異國情調的感情聯想，也是十里洋場並不少見的現象。

張愛玲在〈第二爐香〉已經處理了，一般洋人，無論男女，在殖民地香港的處境，她沒道理，不進一步處理，一般洋人，無論男女，在上海的際遇。

上海既然是機會之都，上海周邊的農村人口，又怎麼不把來上海找工作，當成餬口，闖蕩的機會呢？

但張愛玲畢竟不是寫城市浪漫傳奇，她接觸的，也不會是在浪頭上舔刀血的搏命人。很自然的，她把一般洋人與來上海討生活的一般華人，便在上海的公寓樓層間，巧妙的結合了。

〈桂花蒸 阿小悲秋〉、〈年輕的時候〉，是兩篇張愛玲年輕時，筆鋒所及，流露出對上海都會裡，兩種邊緣人交會於一座城市漂泊命運的感嘆。

阿小帶著兒子，幫傭於一位洋人。

這洋人可也不是什麼有錢的洋人，請她幫傭，還不時懷疑她是否偷吃偷拿。但主僕二人，倒也默默發展出一種彼此心知肚明的默契。

眼見洋人在女人間穿梭放蕩，身為女性，她有感慨她也有意見，但她知道自己的身分，她謹守自己的分寸。

阿小的老公，也在上海討生活，當個裁縫，賺得不多，養不起老婆小孩，甚至沒辦法住在一塊。

夫妻相處，阿小的老公自然無從像傳統的大男人那樣頤指氣使。

女人自食其力，使得丈夫無法像傳統男女關係那樣，支配指使女性，是張愛玲小說中，很常見「貧賤夫妻」型態。之後，甚至在長篇小說《秧歌》裡，都還一再出現。

可見張愛玲是觀察到上海都會裡，打工族的男女關係出現的現代型態。

在上海做一輩子的裁縫、幫傭，能改變自己與家人的命運嗎？

張愛玲沒有給答案。

但沒有答案，不也等於給了答案嗎？

華人打工族沒有前景，洋人打工族就有嗎？他也是「美人遲暮」，知道趁勢撈一點，知足就好。大家都活在當下，不想未來。想了，就殘酷了。

〈年輕的時候〉處理的是女性洋人，一位俄國女子。

俄國人與上海，在現代史上，這是一段歷史，但在小說史上，以此為題的並不多。張愛玲為我們填補了一小段。

男主角汝良念醫科，顯然家境不差。晚上到夜校補習德文。

女主角沁西亞擔任夜校校長室的打字員。

兩人微妙的發展出一段似有若無的感情。但汝良在漸漸知道沁西亞的環境後，自己有了打退堂鼓的念頭，因為他的現實主義提醒他，來日方長，不能輕易跟一位俄國女孩拉扯上。

但就在這時候，女方卻突然告訴他，她要結婚了！嫁給一個在租界工部局裡上班的警察。窮俄國女人嫁給窮俄國男人。

故事轉折得非常戲劇化，化解了男主角的猶豫不決，卻也等於宣告了男主角青春戀曲的結束。

從〈第二爐香〉到〈桂花蒸 阿小悲秋〉、〈年輕的時候〉，張愛玲相當具有悲憫視角的，看待了華洋雜處的上海、香港這兩個大都會裡，並非上流精英的洋人世界。他們在討生活的陰影下，亦暴露出人的脆弱與虛無。

張愛玲之所以有著獨特的「海派風格」，無疑的，她並沒有照單全收，以「集體名詞」，把洋人統統視為是帝國主義壓迫者或支配者，而是個別的，用同樣在一座城市討生活的樣態，提供了這

93

青春不安的海域上，〈茉莉香片〉與〈花凋〉如兩座浮標

年輕的張愛玲，儘管文筆洗練，見識深沉，可是她畢竟還是尚未戀愛過的年輕女子。她在聲名鵲起之初，筆下對青春男女情竇初開的著墨，我認為〈茉莉香片〉、〈花凋〉是兩篇可觀的線索。剛巧，這兩篇，主角恰恰一篇是男，一篇是女。

〈茉莉香片〉男主角聶傳慶，男孩身女兒貌，天性閉鎖不愛跟人接觸，「很有幾分女性美」。女主角言丹朱，恰恰相反，「健全美麗的女孩子」，是校花隊水準，開朗大方，不缺朋友，卻偏偏喜歡來跟聶傳慶磨蹭。

但聶傳慶有個言丹朱不知道的祕密，他過世的母親，曾經愛戀過言子夜教授，言丹朱的父親。而聶傳慶與父親緊張，與後母不合，他把自己的家庭不幸，都歸因於當年母親沒有嫁給言子夜。因而，言丹朱現在所享有的一切，在聶傳慶看來，都是不應當的，都應該是他該擁有的。聶傳慶於是很報復性的，很變態的，對言丹朱對他的好感，都回報以冷酷、殘酷的對待。

但，偏偏言丹朱就是對他情有獨鍾！

最終，他痛打一頓言丹朱，發洩心中鬱悶的苦痛。

但，日子還是得過，「丹朱沒有死。隔兩天開學了，他還得在學校裏見到她。他跑不了。」

不知怎麼，我讀這篇，總一直聯想到白先勇《台北人》裡的某些篇章。他那些相較於成熟、豐滿、世故女性的，幼稚、偏執、瘦弱的男性伴侶，你不覺得總彷彿脫胎自聶傳慶這樣的形象嗎？

如果張愛玲眼界下，成熟、世故的女人，是幼稚男性心中永遠的痛，或恨。那，尚未臻至世故的女性，她們的命運呢？

〈花凋〉，給了一個哀怨、綺麗的故事。

很像傳統紅顏薄命的復刻版。

小說一起頭，便彷彿《聊齋誌異》聶小倩的故事。

「愛女鄭川娥之墓」，父母積了點錢財，為愛女墳前添了一座白色大理石的天使。天使背後小小的墓碑，上面刻的字，無一不是讚美，卻也無一不是溢美。

真實的故事，是紅顏薄命的。

川娥並不漂亮，卻也並不醜。

姊姊們相繼嫁出去後，她慢慢的脫穎而出。

她的父親外強中乾，靠的，是母親東挪西湊的家當。

選個好女婿，便成為一個不是不重要的議題。

終於選到一位不錯的，留洋學醫的女婿了，川娥卻得了肺病。一拖數年，整個人被掏空了。

她眼睜睜看著理想的夫婿，交了新的女友，眼睜睜看著自己，流失了風華，流失了軀體的生命力。小說最駭人的一幕，是她掙扎著，要出去走走，卻發現不僅體力無法支撐她，更殘酷的，是她所到之處，幾乎所有看到她的人，莫不露出驚訝，恐怖的神色！原來她已經病得不成人形，「彷彿她是個怪物」；「她所要的死是詩意的，動人的死，可是人們的眼睛裡沒有悲憫。」

張愛玲寫出了豆蔻年華最殘酷的際遇，久病不癒後，似鬼非人的軀殼。

於是，她寫下了那兩句：「笑，全世界便與你同聲笑；哭，你便獨自哭。」

川娥終於漸漸的死去。

〈茉莉香片〉與〈花凋〉，都在處理青春男女的卡關議題。

不管是心理健康的，還是身體健康的，「卡關」都嚴重妨礙了一個人的成長。

張愛玲在遇到胡蘭成之前，並無實際的戀愛經驗、性愛體驗，但她憑著自己的閱讀，憑著自己的成長摸索，竟早慧地探索了「青春輓歌」。

張愛玲在淪陷區上海，以不同的筆法，不同的題材，切入一般人的日常，解謎了人的生存與生活上的困惑，這是她大受歡迎的關鍵。

「感時憂國」確實是抗戰時期的主旋律。但，對既不能左也不能右的淪陷區人民，回到現存的世界，回到浮動的世界，關心自己的處境，張愛玲給了一道道小說與散文的浮標。在漂泊不安的現世大海上。

94

張愛玲以〈紅玫瑰與白玫瑰〉，塑造了「城市阿Q版男人」！

張愛玲初闖江湖，頭兩年（一九四三、一九四四年）擁有完整的創作時間，她最膾炙人口的中短篇，幾乎全在這兩年蜂擁而出。

我自己若挑出前五篇的話，應該是：〈金鎖記〉、〈第一爐香〉、〈第二爐香〉、〈傾城之戀〉、〈紅玫瑰與白玫瑰〉。

候補三篇，則分別是〈桂花蒸 阿小悲秋〉、〈花凋〉、〈茉莉香片〉。

但如果把中年之後的〈色．戒〉放進去，如果只挑前三名呢？

可能就很痛苦了。

也取決於，你依怎樣的審美標準來取捨！

我的第一名，絕不動搖，〈金鎖記〉。

我認為，是張愛玲完美之作，完美到壓縮了後來加長版《怨女》的評價。

第二名，我會選〈紅玫瑰與白玫瑰〉。

第三名，我給〈傾城之戀〉。

〈紅玫瑰與白玫瑰〉結構上，比〈傾城之戀〉完整。

企圖心也比成就一個小女人的愛情，來得更宏偉。因為一個不乾脆的男人，終究要為自己的選擇，付出一輩子的代價。而男人在紅白玫瑰之間的取捨猶豫，也幾乎成了男女愛情的命題。這是張愛玲了不起的地方。以一篇小說，劃定了愛情的遊戲規格。

而，一個勇於追求愛情的熱情女子，紅玫瑰，最終，能在自己的怡然自得裡，讓一個無情背離的男人崩盤，崩潰。

張愛玲以她自己的文采，為男人在愛情與家庭的權衡盤算下，做了幾乎所有男人都無法迴避的思索：你在白玫瑰與紅玫瑰之間，會怎樣抉擇呢？

從張愛玲之後，也幾乎，所有無法掙脫男人在現實與理想之間猶豫，掙扎的愛情，都要面對「紅」玫瑰與「白」玫瑰的關卡。

張愛玲的確說得冷酷而真實。

「每個男子全都有過這樣的兩個女人，至少兩個。娶了紅玫瑰，久而久之，紅的變了牆上一抹蚊子血，白的還是『床前明月光』；娶了白玫瑰，白的便是衣服上沾的一粒飯黏子，紅的卻是心口上一顆硃砂痣。」

就開創一個小說故事類型而言，我選的這三篇前三名，無疑都是空前而難以超越的。

〈紅玫瑰與白玫瑰〉，點出了中國現代化過程，精英男子出洋的趨勢。他們固然見過世面，但同樣，有一批女性，也見過世面。

與男性不同的是，見過世面的男人，在感情的放蕩上，或許很洋派，可是一旦面臨婚姻，他們還是左顧右盼，想到很多家庭現實的考量，往往便因此而屈從了世俗盤算。然而，他們內心卻又有掙扎的痛苦。在娶了白玫瑰之後，心心念念，又期盼著，那位紅玫瑰會不會因為我，而過得不好，仍舊想念我？

但，如果紅玫瑰過得很好呢？

被戳破念頭的男子，自己可以平衡自己的世界嗎？

被認為曲意奉承男子的白玫瑰，若日復一日，也漸次啟蒙自己的心思後，她還能容忍這段男人心思不在的婚姻嗎？

張愛玲讓振保夾處於這樣的困惑中，又自以為是的，做了自認最好的選擇，卻最後發現，自己是兩頭皆輸的男人！

胡蘭成曾經評價張愛玲是魯迅之後第一人。

這話，唐突些。

不過，若以那〈紅玫瑰與白玫瑰〉裡，塑造出的「振保」這位男子的形象而言，他可還真是「阿Q」的城市版、知識分子版，盡得「阿Q精神」的真傳。

「他是有始有終的，有條有理的。他整個地是這樣一個最合理想的中國現代人物，縱然他遇到的事不盡合理想的，給他自己心問口，口問心。幾下子一調理，也就變得彷彿理想化了，萬物各得其所。」

是啊，當振保回到並不快樂的家裡，想著紅玫瑰接受了命運的安排，為自己扛起勇於選擇的後果時，反倒是振保，顯得卑微，顯得無恥了。

他生氣，他發火，他在一夜裡任由「無數的煩憂與責任與蚊子一同嗡嗡飛繞，叮他，吮吸他。」

「第二天起床，振保改過自新，又變了個好人。」

張愛玲為我們留下男人，知識分子，城市男人的「阿Q版」！

95

回到時空膠囊的上海，張愛玲的〈色．戒〉畫下美好句點！

一九四五年之後，張愛玲的中短篇小說數量驟減。

這當然跟她的生活環境劇變有關，她先是抗戰勝利後被檢舉是文化漢奸，而干擾她的寫作。

接著，是共產政權建立，她在觀望自己寫作的空間。

再來，便是出走中國，從此飄零海外，一直為生活奔波。

這都讓她的寫作被一再中斷。

這是外部因素。

就作家自己的內部因素來看，她顯然想打入西方出版界，她更明白長篇小說是一位作家盛名的先決條件，因此確實花費心思在長篇著作上。

她的四部問世長篇，都發表在一九四五年以後。

但斷斷續續，她還是完成了一些中短篇。

如果以「張愛玲典藏全集」當依據，一九四五年後的中短篇裡，〈小艾〉的篇幅最長，以一位九歲被賣入晚清遺老之家的女孩小艾的前半生為主軸，貫穿了民國建立後，一個家族在時代動盪裡的飄盪，以及小艾的女主人，在浪蕩子老公家的際遇。小說應該是有企圖心，不過，並不是很好的鋪陳。

〈留情〉則是一篇佳作。

很典型的張愛玲。風韻猶存的婦人，嫁給中年男子，而這男子仍時不時要去看看元配。但這婦人知道，老公還是愛她較多的，但明白歸明白，做做姿態，撒撒嬌還是必須的，於是日子也就這樣一天天的過下去了。無奈中的小倖存。

〈五四遺事——羅文濤三美團圓〉，看完全篇，會對張愛玲何以命題為「五四遺事」，發出會心一笑。

五四之後，婚姻自主，愛情至上，蔚為主流價值，但羅文濤竟然兩度離婚，三度結婚後，一夫三妻的，共聚一堂，在西湖邊上築起愛巢！是喜是悲？可喜可賀？

末尾朋友一句，至少你們家打牌，牌搭子不用三缺一外找啦，道盡五四運動新思潮的反諷。

〈浮花浪蕊〉、〈相見歡〉都是張愛玲見識過共產政權交接前後的時局變化的作品。

不知是篇幅關係，或小說題材雖依舊有張愛玲最熟悉的小市民悲歡離合，但整體的味道，總給人脫離了那個老上海老中國的時空膠囊後，硬是不再那麼張愛玲的感覺。

這感覺，若是對的，那這階段最精采的作品，無疑是重回那個淪陷區時空的〈色．戒〉了。

〈色．戒〉的好，好在它再一次突顯張愛玲對「小女子」內在心靈，對「愛情是什麼」的一種純真的疑惑。

這個情思，在〈金鎖記〉、《怨女》中，只能一閃而逝，最終讓怨女一輩子怨恨。

在〈傾城之戀〉、在〈紅玫瑰與白玫瑰〉裡，則是女人勇敢的賭下去，不計代價，賭贏賭輸，至少賭過。

〈色．戒〉更大膽，讓一位志在除奸的愛國女大學生，因為要「捨身」除奸，先捨給了同志，這是一次現實與理想的弔詭。搭上了漢奸，卻動了真情真意，在性愛的體驗中，惶惑於忠貞國家之愛（抽象的）或忠貞於個人感受（具體的）的矛盾。

這種非常「不政治正確」的淪陷區時空意識，也是張愛玲小說最精采、獨特的思維，也最迷人。因為，你無法，也無從，單純用愛不愛國這種時代語言去定位她！

難怪，後來大導演李安會相中這篇小說，改編成電影版。而且相當忠於原著精神，把小女子的性愛、情愛、家國之愛的掙扎，詮釋得當。

如果說，張愛玲最徹底貫徹的人物特寫哲學，始終是「不徹底的人物」，那〈色．戒〉裡的女主角佳芝，男主角易先生，毫無疑問，都是最典型不過的代表人物了。

佳芝竟然最後關頭，心念一動，放過漢奸易先生！

易先生最後竟然無動於衷，親自下令處死佳芝，即使他知道他愛她，她也愛上他了。

當一切搞定，他站在屋內，太太正與牌搭子嘻嘻哈哈笑談請客吃湖南菜的事。

他靜靜的，聽著，心頭盤算著自己的決定。

「喧笑聲中，他悄悄走了出去。」

一個男人的精算。一個漢奸的精算。

〈色．戒〉無疑是中年以後，張愛玲最好的一個短篇。也證實她活在時空膠囊裡，最美好。

96

張愛玲右手小說，左手散文，她以左手解讀了她的右手

寫小說的人，通常都有寫一手好散文的本領。

信手拈來，小說家海明威的《流動的饗宴》，便是一例。

但，散文高手，卻未必都是小說好手。

可見，文字組合的能力，固然是作家的技巧，然而小說角色的經營，情節的推陳，收放自如的敘事能力，還是一位小說家的「天分」與「技能」。

張愛玲的散文，是非常好，非常有特色的。

誠如她自己說過的，中文字，有顏色，在她手裡，這些形形色色的字體，便衍生出形體各具的面貌，讓人對「文字」充滿了期待，對運用這些文字的作家張愛玲，更是有了無比的期待。

張愛玲一九四七年之前的散文，很明顯，跳躍著她年輕靈魂的昂揚。

有她透過閱讀與人情世故的理解，發之於文字的感情，以及熱切的創作意圖。

她的生命觀，她的寫作觀，幾乎全在這時期，表露出來。〈天才夢〉、〈傳奇・自序〉、〈傳奇・

再版自序〉、〈自己的文章〉、〈燼餘錄〉等等，都勾勒了張愛玲年輕時，大致完整的寫作觀。

她有著個人對二十世紀歷經兩次世界大戰的蒼涼時代感。

於是，「出名要趁早呀！來得太晚的話，快樂也不那麼痛快。」

但，「時代是倉促的，已經在破壞中，還有更大的破壞要來。有一天我們的文明，不論是昇華還是浮華，都要成為過去。如果我最常用的字是『荒涼』，那是因為思想背景裏有這惘惘的威脅。」

這篇文章，應該要拿來與〈燼餘錄〉對照。

「時代的車轟轟地往前開。我們坐在車上，經過的也許不過是幾條熟悉的街衢，可是在漫天的火光中也自驚心動魄。就可惜我們只顧忙著在一瞥即逝的店鋪的櫥窗裏找尋我們自己的影子——我們只看見自己的臉，蒼白，渺小：我們的自私與空虛，我們恬不知恥的愚蠢——誰都像我們一樣，然而我們每人都是孤獨的。」

非常明顯，張愛玲的世界觀，人生觀，寫作觀，都在這樣一個大時代主軸的認知下，去發展。

這也是我很感興趣的，張愛玲對托爾斯泰《戰爭與和平》的詮釋。

她不只一次提過這小說，提過托翁的歷史觀。歷史是不只一個的要素，在那裡推擠拉扯。

既然大歷史都如此了，何況是，歷史巨輪碾壓下的一般人呢？

張愛玲之所以喜歡「蒼涼」，無非是，蒼涼有一種美，有人性在裡頭。

在這樣的歷史觀下，張愛玲的寫作手法，便是她自己界定的「參差的對照」，因為「它是較近事實的」。

張愛玲在散文裡，替我們解讀了她的世界觀，她的人生觀，也解釋了她的筆下人物的何以如此。

「極端病態與極端覺悟的人究竟不多。時代是這麼沉重，不那麼容易就大徹大悟。」

於是，這才有了張愛玲自己解釋的，除了《金鎖記》的曹七巧，其他人物全是些「不徹底的人物」。

「（不徹底的人物）他們不是英雄，他們可是這時代的廣大的負荷者。因為他們雖然不徹底，但究竟是認真的。他們沒有悲壯，只有蒼涼。悲壯是一種完成，而蒼涼則是一種啟發。」

我們必須感謝張愛玲，她自己在一系列散文裡，不斷的，為自己的寫作，或辯解，例如：〈自己的文章〉；或，闡述態度，例如：〈燼餘錄〉；或，傳達寫作的初衷，例如：〈傳奇．自序〉、〈傳奇．再版自序〉。

但無論如何，這些文字使得我們在理解她的小說時，得以知悉，她的小說為何「主題」不明確，為何「人物」都很不乾脆，為何情節總環繞於日常的小圈子。

原來，她是要寫出時代惘惘的威脅下，一般人的無可奈何，一般人的只能這樣。

讀張愛玲的小說，很多線索，要在她的散文裡，找解碼器。

97

晚年張愛玲有意為她的一生埋下解謎的伏筆

張愛玲晚年，中文小說停擺。

英文小說寫了幾本，卻無緣出版。她過世後，這些壓箱作，才譯成中文，我們方知曉，她一直在自己的生命過往裡，打轉。

她既然無法在英文小說界闖蕩成功，這些一味在自己生命世界盤旋的自傳體小說，又怎麼可能引起西方出版界的好奇呢？

這是張愛玲晚年，很令人同情也好奇的心境。她彷彿咬著自己的尾巴，不斷地，不停地，繞圈子。

正因為如此吧，一九五二年以後，她的散文，其實可讀性高的，並不多。

於是，相對的，她的《對照記》，在理解她的繞圈子的寫作循環時，便格外有了可資解讀的空間。

她似乎在說，好吧，既然如此，不如我就更加坦白的，對華人世界袒露我更多的「躺在我血液裡的」家族基因吧！

於是，張愛玲給我們看了她的童年裝扮。

面團團的自己。孔雀藍的由來。

看了她的父親。她的姑姑。

看了她說美得像女孩的弟弟。

看了她與弟弟的數張合照。很難想像，日後她說他弟弟早夭，說他不是親生的弟弟。很難想像，終其一生，她弟弟都活在姊姊的陰影下。

張愛玲讓我們，看了她的母親。看了她的外婆。

看她母親纏小腳的照片，看她母親橫跨兩個時代。看她母親學油畫，去歐洲，到印度，到英國。

看她母親學油畫的時期，結識了蔣碧薇（徐悲鴻的元配）、常書鴻。

她筆下的母親，顯然是勇於探索的新時代女性。

用現在的說法，張愛玲母親，是「手作文創」的教母。只可惜，時候未到。

《對照記》裡，母親照片多過於父親。

事實在說話。

但，母親也傷害她最深。因為，她對父親沒有期待。而一位五四運動之後，有著新女性意識的女性，注定是要犧牲家庭、犧牲兒女的。

我望著《對照記》，想著張愛玲的心思。

她不願意當母親，多多少少，有著自己生命經驗裡的忿怨吧！

但，她又放上那麼些，母親的照片，在《對照記》裡。

《對照記》給了一個，解碼後來張愛玲系列自傳體小說的線索。她提到了《孽海花》。

小時候，她憑藉《孽海花》，摸索出家裡長輩不願多談的祖父祖母輩傳奇。

「因為是我自己『尋根』，零零碎碎一鱗半爪挖掘出來的，所以格外珍惜。」張愛玲如此寫著。

我根本上認為，張愛玲受了《孽海花》的影響，中晚年時，也循著這線索，完成了三部自傳體小說，讓後人去追蹤，去解謎，她的小說與人生。

《對照記》讓我們目睹了張愛玲一生的友人，炎櫻。我特喜歡她們兩人在樓頂眺望遠方的照片。無論何時，無論何地，總有一些年輕的靈魂，一起眺望遠方。

即使，她們不知道未來究竟如何。

《對照記》是一九九四年六月出版的。

她為何突然有此舉動？

她自己是這樣說的：「『三搬當一燒』，我搬家次數太多，平時也就『丟三臘四』的，一累了精神渙散，越是怕丟的東西越是要丟。倖存的老照片就都收入全集內，藉此保存。」

但，《對照記》出版後，隔年，她也就孤獨的一人死去了！

這最後的，老照片的巡禮，竟彷彿是張愛玲自己檢索一生的畫面記憶一般，是在向自己的人生回眸一笑呢！

但，如今，我們看不同版本的《對照記》，可以注意的是，最早的版本，《張愛玲全集15》，文末的文字相當感人：「悠長得像永生的童年，相當愉快地度日如年，我想許多人都有同感。然後崎嶇的成長期，也漫漫長途，看不見盡頭。……然後時間加速，越來越快，越來越快，繁弦急管轉入急管哀弦，急景凋年倒已經遙遙在望，一連串的蒙太奇，下接淡出。」

這段文字，後來幾個版本都保留了。可是晚出的《張愛玲典藏全集9》、《張愛玲典藏13》，則多了一段〈跋〉。

附上了張愛玲在世最後一張照片，她在得到「時報文學獎特別成就獎」後，手持當日金日成猝逝的報紙合影，證明自己還活著。

她自嘲像綁匪寄給肉票家人的照片，只為證明肉票還活著。

她知道這比擬不倫不類，於是賦詩一首：

人老了大都
是時間的俘虜，

被圈禁禁足。

它待我還好——

當然隨時可以撕票。

一笑。

隔年，她就被時間撕票了。

但，《對照記》裡，沒有胡蘭成。

她對待胡蘭成的謎團，要在《小團圓》裡，解謎。

可是，她過世後，意外出土的〈異鄉記〉，則意外佐證了胡蘭成在《今生今世》裡，講的，並不為過，多屬事實。

98

來，讓我告訴你張愛玲晚年最大的祕密：她從不後悔愛上胡蘭成！

張愛玲的晚年，除了困擾於皮膚病，使得整個生活充滿混亂外，她的內心世界，到底是怎樣的一種狀態？

這是我翻閱她的文字時，一直很好奇的。

如果我們輕易接受，人會老，人有老化的尷尬這解釋的話，那張愛玲的晚年，答案很清楚，她身體老邁，她健康退化，她的心智與思考也在退化與混亂之間。

但，張迷們恐怕很難接受這樣殘酷的事實。

我是傾向於，接受她老化，但心思卻始終糾纏於往昔的記憶。於是，她要做，也努力做，自己一生的盤點。

沒錯，她要做一生的盤點。

在討論張愛玲傳奇時，我曾提過法國作家莒哈絲。

是的，我要再提一次，而且是有意義的對照。

張愛玲晚年，三部未出版自傳體小說，反反覆覆，都是在回顧、拼圖自己的一生。

這些內容，中文讀者大致有個脈絡，我們會懂張愛玲的叨叨絮絮，究竟有她一生的隱含意義。

然而，對老外讀者則未必。

除非，張愛玲已經是一位相當暢銷，或極具分量的英文作家，否則，西方讀者沒必要買單她的自身成長世界是怎樣的一種內在糾結的世界。

我始終認為，這是張愛玲晚年心境上的一個死結。她始終無法解開。

《雷峰塔》、《易經》，提供了我們認識她如何看待自己血液裡的家族基因，以及成長、求學過程中的經歷，有助於我們分析她的小說，是在怎樣的生命閱歷中汲取養分的。

《小團圓》則很特別。

因為，張愛玲寧可在世時不出版，也執意保留了《小團圓》的完整性。

如果《小團圓》的執意性，你還覺得不夠，那再對照更晚出土的，未完成的〈異鄉記〉，你就不能不承認，張愛玲是執意要留下她在意的生命過往。

最執意的，無非是她與胡蘭成的一段情。

在張愛玲沒有發聲之前，我們讀胡蘭成的《今生今世》，可能會有「他真是不要臉」，或「一張嘴在你臉上嘛，任你怎麼講」的感覺。

但，《小團圓》、〈異鄉記〉，則令批胡蘭成的人不禁尷尬，人家張愛玲都沒說什麼了，你這些外人，胡亂湊什麼熱鬧呢？

除非你輕易推測，張愛玲是老糊塗了（不無可能），否則你只能承認，張愛玲對胡蘭成與自己的一段情，中年之後，便有了定見。

這推論，我的依據是，早在一九七〇年代中期，胡蘭成在台灣試圖東山再起，出版《今生今世》時，張愛玲的《小團圓》也大致完稿，而她的故事敘述，顯然令疼惜她的宋淇夫婦擔心，因此再三勸她修改內容，但張愛玲只回應了暫時收回不出，而此後，沒有證據證明她大幅修改過！

事實上，合理推論，她若及時修改了，這書大可以在當時隨後出版，以正胡蘭成胡說八道的視聽，不是嗎？

但張愛玲沒這麼做。

張愛玲為何沒這麼做？反而，默默的把自己的心思，寫在書裡，默默留予他年（他人）說夢痕？

我認為，莒哈絲晚年，七十歲時，寫出她十五歲初戀一位華裔富二代的故事，一段不該發生卻實際發生的初戀，恰恰也是張愛玲中年之後，始終懸念於心的同樣心境。

胡張戀，是張愛玲的初戀。

張胡戀，是不應該發生但總歸發生的一段孽緣。

然而，那是張愛玲的初戀啊！

她才二十三歲。胡蘭成卻是自詡情聖，把妹高手。而且確實也有一定程度的內涵與外貌。是他，讓張愛玲情竇初開，是他讓張愛玲知曉男女性事，是她讓張愛玲親口對他說懂了什麼是欲仙欲死！

我們之前讀《今生今世》，以為胡蘭成胡往自己臉上貼金。唯獨，讀了張愛玲的《小團圓》、〈異鄉記〉才明白，張愛玲是「刻意」要印證這些過往的。

說刻意，並不誇張。

要知道，張愛玲寫《小團圓》時，她已經看過胡蘭成的《今生今世》了。反倒是，胡蘭成不知道張愛玲寫了《小團圓》！

張愛玲為何明知胡蘭成那樣寫，她還偏偏飛蛾撲火，去印證這負心漢說過的一切？

你唯一的答案是，這是張愛玲的初戀！

張愛玲概括承受了她初戀所做的一切！

張愛玲要我們知道，她從不後悔，她人生的初戀！

莒哈絲也是，於是七十歲寫出《情人》。

張愛玲也是，於是始終不肯修改她的《小團圓》。

她們都是為自己的初戀，扛起十字架的了不起的女人！

99

闔上眼的張愛玲，最後那一瞬，她看到誰？她想過誰？

張愛玲應該不快樂吧！

我靜靜翻閱她的文字與生命，內心不免盤旋一些念頭：如果我是她，我會快樂嗎？

或者，我願意是她嗎？

享有文壇盛名，一輩子成為文壇偶像，終成傳奇，卻付出極為不快樂的一生，是你，你願意嗎？

「張愛玲傳奇」！「傳奇」在哪？

我喜歡「消去法」思考。

張愛玲如果一生無災無難，單純是一位暢銷作家，她不會有傳奇。

張愛玲如果留在中國，共產主義下，她躲不過反右運動，她逃不開十年文革，以她個性，她非常可能自殺，或被鬥到再也寫不出任何東西；直到文革結束，作品慢慢解禁，她老態龍鍾了，也不會有如今的傳奇。

張愛玲離開中國後，如果順利在美國的大學任教，或出版成功，一圓「她的林語堂夢」，世間會多一位「張愛玲教授」，或「英文作家張愛玲」，她必有知名度。但很抱歉，也沒有傳奇了！

「消去法」的反面是，一生憂患，離散江湖，家族恩怨，感情波折，作品驚豔，人生曲折，這些加總起來，構成了「張愛玲這人」獨特且唯一的作家形貌，這才有「張愛玲傳奇」。

張愛玲離開世間最後幾天，是怎麼度過的呢？

沒人知道。

因為發現她，倒在一人獨居的室內時，已經斷氣了好幾天。

因此，說她一九九五年九月八日過世，並不精確。

發現她遺體的人，看見她靜靜躺在地上。死因是心臟衰竭。享年約莫七十五歲。

但她已經孤獨的，生活了好長一段時間。

她倒下來之前，心裡在想什麼呢？

想她的祖父母？

有可能。她說她是那麼愛他們。

想她的父親？

應該不會。她是一心逃離他的掌控的。

想她的母親？

也許占有一些畫面。但她也說過，母親會傷她多一些，因為她有期待。期待多，失望，傷害亦多。

她沒有子嗣。理當在倒下之前，心無罣礙。

她更不會想到她唯一的弟弟。

在小說體回憶錄裡，她甚至說他不是親生弟弟。說他早就死了。

她會想到姑姑嗎？

可能。

畢竟她的姑姑一度像她的母親，一起居住，一起聊天，一起共度張愛玲與胡蘭成戀愛的日子，給她意見，給她批評。她離開上海後，再也沒跟姑姑聯繫。她一人獨居時，多多少少，應該有一些生活聯想，會聯想到姑姑吧！

她會想到蘇青嗎？這位當年跟她約稿的文壇主編，也有一枝相當清爽健雅的筆，張愛玲曾經寫過一篇〈我看蘇青〉，頗有瑜亮情結的調侃。但她應該不會想到蘇青，畢竟那已經是近半世紀前的往事了。往事雖不如煙，卻畢竟飄飄渺渺，難以捉摸了。

她有可能在心臟突然劇烈刺痛的瞬間，想到人也在美國的，她從香港念書起，便認識的，曾在她墮胎之後，告訴對方她打掉一個男嬰的，老朋友炎櫻。可是，也許僅是那一瞬間而已。畢竟，這位混血老友，跟她雖有閨密的情誼，卻始終無法進入她的內心世界，她們倆一直是兩個平行世界的閨密。

她會想到賴雅嗎？我沒把握。《小團圓》裡，賴雅非常邊緣。

她會想到夏志清嗎？這位一直跟她通信，一手把她帶進中國現代文學史的關鍵人物。

她會想到水晶嗎？與她長談至深夜，為她闖開華人張愛玲旋風的第一扇窗。

她會想到莊信正嗎？為她安排柏克來大學中國研究之門，而成為執弟子禮的年少好友。

她會想到宋淇夫婦嗎？為她一路擔心，為她一直想辦法謀出路的好友，以《張愛玲私語錄》推波助瀾了張愛玲旋風。

她會想到將為她完成遺囑的林式同嗎？

她會想到死前都沒有機會和解，解釋清楚兩人爭執的陳世驤嗎？

也許，在張愛玲倒下來，仰頭望著室內天花板，感覺到生命之火，即將要淡淡滅去之前，她還聽到屋外，有啁啾的鳥鳴，有穿過的人聲，有遠方遙遠遙遠的呼喚。

也許，她已經回到了四〇年代的上海。

她推開公寓的窗口，望向一片星夜的上海。

她望著，她默默望著。

胡蘭成從樓下走來。抬頭望向她。

今生今世，異鄉情蹤。

小小的團圓，總在半世紀之後。你也不在人間了。我也即將告別這副軀體了。

傳奇，終究要在張愛玲告別之後，揚帆，啟航。

100

張愛玲是文學孤絕之美的極致！她連死亡都維持了孤絕狀態！

張愛玲過世前一年，得到「時報文學獎特別成就獎」。

她沒來台灣領獎。

但拍了一張與金日成猝逝新聞版面的合照。造型誇張，十足有一種黑色幽默，像一個冷笑話。

她並沒立刻發表得獎感言。

反而是隔了幾個月，在那年年底，於「人間副刊」，刊載了〈憶《西風》〉短文，也就是她的「得獎感言」。

文章不長。

但說真的，有點文不對題，卻頗有意思。

她自己也說，得獎是意外榮幸，得獎感言卻難下筆，「不知怎麼心下茫然，一句話都想不出來。但是當然我知道為什麼，是為了從前西風的事。」

西風，是指《西風》雜誌。一九三九年，張愛玲剛到香港念書，位於上海的這家雜誌徵文比賽，題目是〈我的……〉，文長限五百字。張愛玲為了賺稿費，也為了得獎虛榮吧！寫了〈我的天才夢〉。文長四百九十多字。為了符合這字數限制，她在不是稿紙的信箋紙上，改了又改，數了又數，頭昏腦脹。

文章得了獎，但不是首獎。是「特別獎」。而且，頭獎作品的文長超過三千字！

張愛玲一直沒搞懂，為何別人得獎的文章那麼長？而她為何又得個不是首獎，不是二獎，不是三獎的「特別獎」。

多年後，我們搞懂了，原來張愛玲自己搞錯，根本不是五百字的限制！

而她不符合徵文條件的文章，又為何會得個「特別獎」？理由也很簡單，雖然不合規定，但那篇短文，實在太精采了！評審怎麼辦？惜才，破格給個獎！

那段金句：「生命是一襲華美的袍，爬滿了蚤子。」便語出此文。

張愛玲為何五十多年後，在得到「時報文學獎特別獎」的殊榮時，重提這段舊事？

沒錯，她是印證了自己年輕時說過的，成名要趁早，晚了也就沒有那麼痛快了。

她是在告訴世人，這個獎，雖然是殊榮，但對她而言，她心中總是嘀咕著昔日《西風》雜誌的往事啊！畢竟，那時，她才十九歲！她得了獎！那才叫淋漓盡致的痛快啊！

張愛玲晚年回顧這段舊事，我認為這才是真正的張愛玲。

一如初衷的，她在意那些在她心頭激起的最初之歡，最初之痛。她有一個早熟、早慧，又不隨人生流轉而輕易流轉掉的性格堅持。

我們重讀她晚年提到的〈天才夢〉，不能不驚訝：張愛玲彷彿一生就依著她十九歲時寫好的劇本，一步步往前走。

我們不妨回到她的十九歲，看她怎麼解釋往後一輩子的跌跌與撞撞：

「生活的藝術，有一部分我不是不能領略。我懂得怎麼看『七月巧雲』，聽蘇格蘭兵吹bagpipe（風笛），享受微風中的籐椅，吃鹽水花生，欣賞雨夜的霓虹燈，從雙層公共汽車上伸出手摘樹顛的綠葉。在沒有人與人交接的場合，我充滿了生命的歡悅。可是我一天不能克服這種咬嚙性的小煩惱，生命是一襲華美的袍，爬滿了蚤子。」

讀著，讀著，我有點眼眶濕潤了。

這是一個怎樣的孤獨、怎樣的孤絕的靈魂啊！

她能聽風的歌，觸碰綠葉在風中顫動的祕密，卻很難去享受人與人接觸的親密，與溫暖。

她是孤獨的。但她感動我們，因為，我們在蒼茫的宇宙中，何嘗不是孤獨的島嶼，孤獨的一顆星球？

張愛玲的美，要與她獨特的性格相呼應。

張愛玲文字的美，是色彩與音符，在隱隱的感情伏流中，碰撞跌宕的美。

張愛玲的淒涼，是她刻意為自己隔絕的高牆，她為自己而活，但她以文字為我們搭建了一座通往美與孤絕的吊橋，怕高的人，怕晃動的人，你不要來靠近！

張愛玲的文字，是她個人風格的極限，也是我們探索內在心靈有多大空間屬於自己的界線。

張愛玲過世了，但她的文字與風格，是不死的。

哪裡有孤獨的靈魂，哪裡有不想過分喧囂的心靈，哪裡有對文字保有一些潔癖的好奇，張愛玲就在那裡！

張愛玲獻身孤獨的死。張愛玲至死不改她愛情的初衷。

張愛玲是個頑強的女人。

她是二十世紀，華人世界現代文學孤絕的美的巔峰！

她連死亡，都維持了孤絕的狀態！

101

沒人能像張愛玲，寫的是老中國，傳奇在新台灣！

張愛玲晚年，常常使用一個佛洛伊德的字眼，Freudian slip。

她似乎很認為，人沒有無心之過。

任何看似無心之過，都隱含了某些現實想望的念頭。

如果是這樣，那張愛玲自己呢？

她三部自傳體小說，有意無意在埋伏筆，究竟要給世人怎樣的線索呢？

她這麼喜歡談Freudian slip，我唯一的解釋是，她內心深處，是渴望自己被佛洛伊德理論貼切分析的，不是嗎？

缺父愛。缺母愛。

與弟弟不親。

不要孩子。

對初戀念念不忘。

愛自己勝於愛他人。

童年記憶始終在她生命裡盤結成一團無法抽絲剝繭的情結。

我望著她一系列從年輕到老年的照片，在她的眼神裡，我眺望到絕頂聰明，而後絕頂失落的慧黠與空洞。

她無疑是二十世紀的作家，在時代動盪中，領悟存在的意義。

她極為勇敢，也極為偏執的，不站在潮流趨勢之中，而選擇了，站在邊邊角角，觀察世界的流蕩。

她是二十世紀的作家。

非常現代主義的，個人取向，日常細碎，語言美學，身段孤絕。

我們完全無法在她的年代之前，她的年代之中，找到任何一位與她相近的作家。

但，她又是那麼幸運，竟然沒有淹沒於來自左，來自右的，雙邊的時代喧囂的夾擊，而消失！

夏志清是一大推手，在「正典化」的工程上，披荊斬棘，把張愛玲放入了正典。張愛玲成為中國現代文學史的經典作家。流風所及，在華人世界，包括台灣，她也成了文壇巨星、文青偶像。

但，如果沒有台灣，張愛玲的「傳奇」，能傳奇到什麼程度？

台灣是張愛玲全集出版得最徹底的地方。

從「張愛玲全集」到「張愛玲典藏全集」，再到「張愛玲典藏系列」，以及，相關人士與張愛玲的書信往返集陸續出版，構成了「張愛玲研究」最詳盡的資料大全。

在這些基礎上，「張愛玲學」因而有了極為寬闊的條件。

張愛玲地下有知，應該感謝台灣！

也唯有台灣，走過了威權，進入到民主開放，讓張愛玲全集得以毫無禁忌的出版，她從汪偽政權到共產中國，到海外定居，完整的人生輪廓，得以在台灣的出版環境下，迤邐展開，研究她的角度，形成一扇多角度的視窗，張愛玲若在世，自己看到，恐怕也不免好奇吧！

台灣對張愛玲最有意義的付出，除了全集的出版鉅細靡遺外，另外，就是接納了「張愛玲的文學意義」於台灣文學的脈絡裡。

這對「張愛玲傳奇」是極有貢獻的。

不僅張愛玲的文字，在台灣毫無禁忌，即便與她有關的胡蘭成，著作也在民主化後的台灣，通行無阻。使得我們得以全方面的理解張愛玲感情世界中，最重要也最神祕的一段。

沒有胡蘭成，沒有「張愛玲傳奇」中「傳奇」的關鍵線索。

台灣接納張愛玲，一則有中國現代文學延續的脈絡，大批文化人離散至台灣，對張愛玲筆下的世界不陌生；二則是台灣特殊的政治形勢，導致西方現代主義在上世紀六十年代，被台灣苦悶的年輕世代，援以為知識與寫作的養分，張愛玲的文字的冷峻，意象的高懸，生命經驗的孤絕，在在吸引台灣的讀者。

而她通俗小說式的題材，在角色刻畫間，女性意識的昂揚，男性形象的囁嚅，都有著穿透傳統價值，顛覆父權社會的震撼力。

台灣一直是華人社會文化品味的實驗室，張愛玲在台灣紅了，也就意味著，她在類似的華人社會中，沒有不跟著紅的理由！

「張愛玲傳奇」，起自台灣，也發揚於台灣。「張愛玲傳奇」當然也就是台灣文學史上，獨特的一頁篇章了。

陳芳明在他的《台灣新文學史》裡，為張愛玲開闢了一段評論的章節，說「一位從未在台灣成長，也從未有任何台灣經驗的作家，竟然能造成風氣，絕對有複雜的理由。張愛玲不是台灣作家，但是她對台灣文學的影響，恐怕比起魯迅還要深刻。」

既能在《中國現代小說史》裡占有一章專論，又能在《台灣新文學史》裡，擁有一席之地，捨張愛玲之外，還真沒有第二人！

身為一位作家，她留下的作品，是全貌。

但身為一位女人，她留下的感情荒蕪，與際遇的遺憾，則永遠無法給我們一個全貌。

失之於人生，得之於文學。

這是「張愛玲傳奇」，永遠迷人的下一章！

也許你該看看張愛玲：
看她內心強大，看她文字蒼涼，看她對愛執著

看世界的方法 178

作者　蔡詩萍

整體美術設計　兒日
內頁排版　華漢電腦排版有限公司
責任編輯　魏于婷

董事長　林明燕
副董事長　林良珀
藝術總監　黃寶萍
執行顧問　謝恩仁

社長　許悔之
總編輯　林煜幃
主編　施彥如
美術編輯　吳佳璘
企劃編輯　魏于婷
行政助理　陳芃妤

策略顧問　黃惠美・郭旭原・郭思敏・郭孟君
顧問　施昇輝・林子敬・謝恩仁・林志隆
法律顧問　國際通商法律事務所／邵瓊慧律師

出版　有鹿文化事業有限公司
地址　台北市大安區信義路三段106號10樓之4
電話　02-2700-8388
傳真　02-2700-8178
網址　http://www.uniqueroute.com
電子信箱　service@uniqueroute.com

製版印刷　沐春行銷創意有限公司

總經銷　紅螞蟻圖書有限公司
地址　台北市內湖區舊宗路二段121巷19號
電話　02-2795-3656
傳真　02-2795-4100
網址　http://www.e-redant.com

ISBN：978-986-99530-1-6
初版一刷：2020年9月30日
初版三刷：2021年2月20日

定價：450元

國家圖書館出版品預行編目（CIP）資料

也許你該看看張愛玲：看她內心強大,看她文字蒼涼,看她對愛執著 / 蔡詩萍著. -- 初版. -- 臺北市：有鹿文化, 2020.09
面；　公分. --（看世界的方法；178）
ISBN 978-986-99530-1-6（平裝）
1.張愛玲　2.傳記

782.886　　109014022